Vicki Edgson y Heather Thomas

Fotografía de Yuki Sugiura

SEMILLA a SEMILLA

El poder nutricional de la naturaleza
en más de 70 recetas saludables y deliciosas

5tintas

La edición original de esta obra ha sido publicada en el Reino Unido en 2017 por Jacqui Small, sello editorial de Quarto Group, con el título

Amazing Edible Seeds

Traducción del inglés: Jordi Font Barris

Edición: Emma Heyworth-Dunn
Diseño: Maggie Town
Estilismo culinario: Aya Nishimura

Impreso en China
Depósito legal: B 23.351-2017
Códigos IBIC: WBA – WBT

ISBN 978-84-16407-40-8

Las cinco mejores maneras de cuidar su cuerpo
Visite www.cincotintas.info para descargar el contenido gratis con el código **semilla232**

Contenidos

Introducción: la semilla de la vida

Las semillas han desempeñado un papel central en las tradiciones culinarias durante miles de años y hoy día son cada vez más populares a medida que buscamos alternativas sanas y sostenibles –a la vez que deliciosas– en nuestra dieta. Mucha gente ha decidido limitar la ingesta de grasas saturadas y tiene en cuenta los beneficios de un enfoque vegetariano o incluso vegano en su alimentación.

Pero si reduce las proteínas de origen animal en su dieta, es importante estar seguro de que las sustituye por otras proteínas, dado que el buen crecimiento y el desarrollo óptimo de todos los órganos corporales dependen de ellas. Las semillas –la fuerza vital de cada planta, flor, hierba, fruto, hortaliza y cereal que comemos– son los componentes básicos de todas las proteínas vegetales y proporcionan estos nutrientes en abundancia. Se puede maximizar el potencial nutricional de muchas semillas y se puede lograr que resulten más accesibles para el cuerpo si son «activadas», por ejemplo, desencadenando la actividad enzimática dentro de las propias semillas, remojándolas o haciéndolas germinar antes de utilizarlas.

En esta sección introductoria hay información sobre cómo las diferentes semillas producen proteínas, grasas esenciales y otros nutrientes que necesita nuestro cuerpo, y se muestra una tabla que resume la forma de elegir, usar y preparar todas las semillas que aparecen en el libro. La sección de recetas ilustra la versatilidad de las semillas y cómo se pueden incorporar de infinitas maneras en comidas, aperitivos e incluso postres.

Quizá le sorprenda descubrir que las semillas cuidadosamente cultivadas en casa son mucho más sabrosas y nutritivas que sus homólogas modernas producidas en masa, las cuales a menudo se seleccionan para adaptarse a los procesos industriales y a los calendarios agrícolas y no por su sabor o su contenido nutricional. Muchas empresas de semillas se enorgullecen de obtener semillas de plantas no modificadas genéticamente, por lo que podrá cultivar productos ecológicos para su salud y la de su familia, si así lo desea. Cultivar sus propias semillas no solo es muy gratificante, sino que también es una gran manera de compartir la diversión de plantar, cultivar y cosechar productos, así como de introducir de un modo práctico en los niños los beneficios que proporciona de por vida una dieta equilibrada. Puede cultivar muchos tipos de semillas en casa, en un alféizar, en una parcela, en un jardín o en el más pequeño de los patios.

Independientemente de las semillas que elija cultivar y cocinar, deseo que disfrute en el proceso. Este libro le dará una pista de los enormes beneficios que las semillas aportan no solo al sabor de los alimentos, sino también a la salud y al bienestar de su cuerpo y de su mente.

De la sabiduría antigua a la medicina moderna

La mayoría de semillas que hemos seleccionado en este libro han evolucionado en el planeta durante cientos o incluso miles de años. Muchas han sustentado a generaciones enteras de personas y han sido básicas en su supervivencia; se han usado como bálsamos, medicamentos y tónicos, así como para la alimentación.

Las compañías farmacéuticas modernas compiten por ofrecer el tipo de remedios que, en muchos casos, se han asociado durante siglos con las semillas o con los extractos de plantas concretas: propiedades saludables que se han asimilado y se han transmitido de generación en generación. Los problemas de salud que afectan al mundo desarrollado –como la diabetes o la obesidad– se atribuyen en gran medida a las opciones y los hábitos alimentarios actuales. Valorados por encima del sabor y la nutrición genuinos, el beneficio y la comodidad también se han convertido demasiado a menudo en el motor de la agricultura moderna y de la producción de alimentos.

En respuesta a tales tendencias, cada vez más gente está volviendo a las maneras tradicionales y holísticas de nutrir el cuerpo y la mente. Elegir alimentos ecológicos es una parte de esta respuesta.

Las semillas como moneda

En siglos anteriores, especias como la canela, el cardamomo, el jengibre, la pimienta y la cúrcuma eran transportadas para comerciar con ellas, y las comidas autóctonas de un país se popularizaban en otras culturas. Por ejemplo, del Amazonas llegaron las semillas de quinoa, lino y chía; de Egipto, las de granada, hinojo, sésamo y cilantro; de la India y Pakistán, las de comino, adormidera y mostaza; de Marruecos, las de comino y cáñamo, y de Rusia, las de trigo sarraceno.

Se consideró que algunas semillas valían literalmente su peso en oro. El término «quilate», la unidad de masa de un diamante, deriva del griego *karat*, que significa 'algarroba'. Dado que el peso de las semillas del algarrobo es muy uniforme, se creía que podían usarse como unidades de medida para los diamantes y el oro.

Pequeñas cápsulas llenas de nutrientes

El valor nutricional de algunas semillas se reveló a las nuevas culturas de manera inesperada. Durante los largos viajes llevados a cabo en la Era de los Descubrimientos, entre los siglos XV y XVIII, las enfermedades de la piel y de los huesos, como el escorbuto y el raquitismo, eran endémicas entre los navegantes europeos debido a los largos períodos que pasaban en el mar sin acceso a los alimentos frescos, sobre todo frutas y hortalizas. Sin embargo, los marineros que recurrían a comerse parte de la carga de semillas observaron que eran menos susceptibles a estas afecciones tan habituales.

La investigación moderna ha determinado mediante experimentos y análisis mucho más sofisticados el contenido nutricional excepcionalmente potente de muchas semillas comestibles. La mayoría contienen todo el rango de vitaminas B, imprescindibles para la función metabólica y la producción de energía a nivel celular.

Dado que la población mundial sigue aumentando, necesitamos establecer la mejor manera de avanzar en la agricultura y la producción de alimentos. Las semillas –diminutas pero potentes fuentes de energía sostenibles y transportables– parecen ofrecer un recurso valiosísimo y fácilmente disponible. Y como además son deliciosas, ¡nada debería detenernos!

Aliño de yogur con semillas (véase p. 107)

¿Qué son las semillas?

Las semillas son los embriones de las plantas, sus óvulos fertilizados. Piense en ellas como el equivalente en el reino vegetal de las células madre animales: miniaturas que contienen toda la información necesaria para formar y mantener la siguiente generación.

Todas las plantas están diseñadas para dispersar las semillas de diferentes formas. Algunas semillas son transportadas por el viento, mientras que otras están preparadas para flotar, planear o girar por el aire. Las plantas que crecen cerca del agua pueden aprovecharse de las corrientes para transportar las semillas. Algunas vainas literalmente explotan, dispersando las semillas a cierta distancia de la planta progenitora y en todas direcciones. Muchas plantas utilizan a los animales para que transporten las semillas gracias a unos «ganchos» que se fijan al individuo que está de paso. Algunas semillas están encerradas en frutos coloridos o fragantes que atraen a los animales para ser ingeridas. Las semillas que el animal no digiere son expulsadas con las heces y pueden germinar, a veces a muchos kilómetros de la planta progenitora.

Grupos de semillas

De las muchas semillas sabrosas y nutritivas que podríamos haber elegido, hemos identificado nuestro top veinte. En las páginas siguientes exponemos sus grandes propiedades, mencionando también sus orígenes históricos y las diferentes formas en que se encuentran, antes de ilustrar su deliciosa versatilidad en la cocina.

Las semillas aportan color y sabor, y parte de los nutrientes esenciales, a una enorme variedad de platos saludables, desde aperitivos, bebidas, desayunos y ensaladas, hasta cenas y postres.

Hay muchas maneras de clasificar las semillas, algunas de las cuales se solapan y parecen contradecirse entre sí. La confusión radica en el hecho de que muchas de las llamadas semillas, no son en realidad semillas, al menos en el sentido botánico, sino frutos o frutos secos. Algunas, como las «semillas» de girasol, no son técnicamente semillas hasta que se retira su envoltorio externo (pericarpio), y aun así las semillas de girasol se comercializan tanto si están envueltas en la cáscara del fruto como si están «peladas», con la parte interna comestible expuesta.

Hemos dividido nuestras semillas en cuatro grupos sencillos, según su ubicación en la planta.

Primero están los **frutos** (pp. 12-15): alcaravea, cilantro, cáñamo y mostaza.

En segundo lugar están las semillas que se hallan contenidas **dentro del propio fruto** (pp. 16-21). Aquí se incluyen las vainas, al ser los frutos de una orquídea específica. Este grupo incluye la alfalfa, el cardamomo, el comino, el fenogreco, la nigella, la granada y la vainilla.

El tercer grupo incluye las **inflorescencias** (pp. 22-25): hinojo, adormidera, calabaza y girasol.

Y el cuarto grupo es el de los **seudocereales** (pp. 26-29). Se llaman seudo porque el tallo no se cosecha por el grano, sino por las semillas, que son utilizadas enteras en lugar de ser molidas en germen y harina, como sucede con el trigo o la cebada. El grupo comprende el trigo sarraceno, la chía, la linaza, la quinoa y el sésamo.

Usos y valores: frutos

Alcaravea *Carum carvi*

A veces conocida como comino persa, la alcaravea es un miembro de la familia de las apiáceas (= Umbelíferas), que también incluye el perejil, el eneldo, el hinojo y el anís, nativa de Europa y del Asia Menor. Como el resto de la familia, la planta, de 40-60 cm, tiene hojas muy finamente divididas y pequeñas flores de color blanco crema o rosadas que crecen en umbelas.

Las «semillas» puntiagudas, de aspecto muy similar a las del comino, son en realidad las mitades de diminutos frutos surcados y en forma de medialuna. El nombre deriva del término árabe antiguo *karawya* y ya eran mencionadas por el escritor romano Plinio como condimento y para sazonar el pan. Las semillas de alcaravea aparecen durante siglos en muchas obras literarias e incluso Shakespeare escribe que a Falstaff se le ofreció «una manzana con un plato de alcaravea».

Las pequeñas semillas tienen muchos valores nutricionales. Son una importante fuente de fibra soluble e insoluble y aceleran el tránsito de los alimentos digeridos por el intestino grueso, por lo que previenen el estreñimiento. Su fibra se une en el intestino a las toxinas, hecho que no solo ayuda a eliminarlas de manera más eficaz, sino que también se cree que protege el revestimiento del tracto gastrointestinal. En algunos casos se usan medicinalmente para ayudar a prevenir la flatulencia, la acidez y la hinchazón, y para mejorar la digestión.

Dado que tienen un índice glucémico muy bajo, las semillas ayudan a regular los niveles de azúcar en sangre a la vez que aportan los nutrientes vitales que nuestro cuerpo necesita para la producción de energía. Las semillas contienen numerosos antioxidantes (capaces de eliminar agentes oxidantes potencialmente dañinos), como el beta-caroteno, la luteína y la zeaxantina, que en estudios de investigación han demostrado que ayudan a reducir el riesgo de cánceres intestinales.

También son una excelente fuente de minerales, como hierro y cobre, que ayudan a la formación de glóbulos rojos, y potasio, que ayuda a regular la tensión sanguínea y refuerza el sistema cardiovascular.

Al igual que la mayoría de semillas, la alcaravea es rica en selenio, un mineral importante para mantener sano el sistema inmunitario, y en zinc, implicado en muchos procesos enzimáticos corporales, incluyendo la digestión de proteínas, la curación y la reparación de tejidos corporales, y la fertilidad masculina.

La alcaravea contiene calcio, magnesio y manganeso, tres minerales importantes para la salud de huesos, ligamentos y tendones. También es rica en vitaminas A, B, C y E. Las semillas de alcaravea contienen aceites esenciales y tienen un característico sabor ligeramente amargo y un aroma acre. Sus tonos cálidos y aromáticos añaden una fragancia a pimienta a una gran variedad de platos, desde el gulash húngaro hasta los tradicionales pasteles de semillas y las tartas de queso. Su sabor marida especialmente bien con las hortalizas de la familia de las brasicáceas (= Crucíferas), como la col, la coliflor y el brócoli. Añada una o dos cucharaditas a la col cocida al vapor o salteada con un poco de mantequilla, o de nata fresca y una pizca de pimienta negra, para potenciar el sabor de este humilde vegetal. Las semillas de alcaravea son muy populares en Europa del Este, Alemania y Escandinavia, donde constituyen un importante ingrediente para elaborar las sopas y el pan negro de centeno, así como los quesos locales.

Cáñamo *Cannabis sativa*

La planta de la que se recolectan las semillas de cáñamo pertenece a la misma especie que la marihuana. De suave sabor a nuez, las pequeñas semillas blancas verdosas son muy nutritivas y constituyen una gran fuente de saludables proteínas vegetales. Las semillas que puede comprar en una tienda de alimentos naturales son en realidad el grano blando interno que se ha retirado de la cáscara externa más dura. La planta es muy resistente y puede crecer en una gran variedad de ubicaciones, suelos y condiciones climáticas.

Las plantas de cáñamo se han cultivado desde hace miles de años en China como alimento básico, aunque se cosechaban tradicionalmente en todo el mundo por sus fibras, usadas sobre todo para fabricar cuerdas, más que como fuente de alimentos. Hoy en día entre sus usos industriales también se incluyen la producción de papel y de plásticos y la alimentación de mascotas. En algunos países todas las variedades de la planta se consideran ilegales, incluso aunque se cultiven por sus semillas o para uso industrial, por lo que las semillas de cáñamo se tienen que importar de otros países, como China y Canadá.

Ricas en proteínas y ácidos grasos omega (tienen un equilibrio perfecto de omega 3 y 6) y con los nueve aminoácidos esenciales, las semillas de cáñamo son muy nutritivas. Dos cucharadas contienen 10 g de proteínas, lo que hace de ellas un importante alimento para vegetarianos. Ayudan a mantener sano el sistema inmunitario y a regular la función intestinal, evitando el estreñimiento y expulsando toxinas del cuerpo; también a reducir la inflamación y el riesgo de enfermedades cardíacas, y a disminuir el nivel de colesterol y la tensión sanguínea. Asimismo contienen varios minerales esenciales, principalmente hierro,

Mostaza

Cáñamo

Cilantro

Alcaravea

zinc, magnesio y fósforo. Dado que se digieren con facilidad, también son ideales para aquellas personas que pueden ser alérgicas a otras semillas. Lo que no harán es colocarle, ya que, a diferencia de la marihuana, no contienen la sustancia psicoactiva THC (delta-9-tetrahidrocannabinol). Actualmente se está investigando si, gracias a su elevada concentración de ácidos grasos saludables, las semillas pueden ayudar a proteger de la demencia y de otras enfermedades neurológicas degenerativas, y si son útiles para tratarlas.

Las semillas de cáñamo se pueden prensar en frío para extraer su aceite, el cual puede ser usado para aliñar ensaladas y para verter por encima de pastas y verduras a la plancha. Las semillas se pueden comer crudas, en muesli, yogures o ensaladas, se pueden transformar en leche de semillas de cáñamo o se pueden añadir a sabrosos platos horneados o a panes y pasteles de semillas.

Cuando compre y coma semillas de cáñamo, compruebe detenidamente la fecha de caducidad, ya que el aceite que contienen puede ponerse rancio con bastante rapidez. Guárdelas siempre cerradas herméticamente en un lugar fresco.

Cilantro *Coriandrum sativum*

El fruto seco del cilandro, también conocido como perejil chino, se utiliza en China, la India, México, Latinoamérica, Oriente Medio y el norte de África. Al igual que la alcaravea, el cilantro es un miembro de la familia de las apiáceas (= Umbelíferas). Su nombre deriva del término latín *coriandrum*, y este del griego *koris*, que significa 'chinche', quizá por el característico olor de sus hojas divididas. Las semillas están disponibles tanto enteras como en polvo.

El cilantro se encuentra entre las especias más antiguas del mundo e incluso ya se menciona en la Biblia. Cuando se encontraron algunos restos de la planta fosilizados en la tumba de Tutankamón, los arqueólogos especularon que se cultivaba como alimento en el Antiguo Egipto a pesar de no ser nativa de la región. El cilantro también era usado por los antiguos griegos y romanos como conservante y como condimento. Incluso Hipócrates, ampliamente considerado como el padre de la medicina, reconocía sus propiedades y lo recomendaba como tónico sanguíneo.

Las semillas de cilantro pueden contribuir valiosamente a mantener sano el sistema inmunitario. Contienen sustancias antibacterianas y antimicrobianas que ayudan a proteger el tracto digestivo y a combatir patógenos como *Salmonella*, *Listeria*, *E. coli* y otras enfermedades transmitidas por los alimentos. También son una buena fuente de vitamina K, necesaria para la coagulación de la sangre en los procesos de cicatrización, y de carotenoides antioxidantes, entre ellos alfa y beta-caroteno, esenciales para mantener sanas las células de la retina.

Las semillas secas tienen un sabor cítrico y especiado, y se pueden utilizar enteras, machacadas o ligeramente tostadas para liberar sus aromas y potenciar su sabor picante, o bien en polvo.

A menudo se añaden tanto enteras como molidas a curris, chutneys y escabeches, sobre todo en la cocina india. Las semillas enteras se usan para aromatizar el vinagre en verduras encurtidas y a veces se añaden a las salchichas en algunos países de la Europa Central.

El cilantro en polvo es un ingrediente esencial del garam masala, así como de la potente pasta harissa roja norteafricana. También puede añadir semillas machacadas a la salsa mexicana y al guacamole.

Siempre es mejor comprar las semillas enteras y molerlas en casa que comprarlas en polvo, ya que pierden el color y el aroma con rapidez. Aún mejor, cultive algunas plantas de cilantro en una maceta y coseche sus propias semillas. Su sabor y su aroma serán mucho más intensos que los de las semillas compradas.

Mostaza *Brassica nigra* (negra), *Brassica juncea* (castaña), *Brassica hirta* (blanca)

Estas pequeñas y redondas semillas pueden variar de color desde el amarillo pálido (las semillas «blancas») hasta el pardo o incluso el negro. Además de ser muy utilizadas para la fabricación de mostaza y de encurtidos, estas semillas son un ingrediente tradicional en muchos curris y chutneys de la India y del sur de Asia, a los que aporta un característico sabor especiado.

Las semillas negras son las más picantes y potentes, seguidas de las castañas (empleadas para elaborar la mostaza de Dijon), mientras que las blancas (usadas en la mostaza americana o, mezcladas con las marrones, en la mostaza inglesa) son relativamente suaves.

Para elaborar la mostaza, las semillas molidas se mezclan con agua o con vinagre, y se pueden aromatizar con otras especias, condimentos, hierbas o miel. Además de su uso como condimento, las semillas se pueden prensar para obtener aceite, y las hojas verdes de la planta también son comestibles.

Las primeras referencias que se conocen de las semillas de mostaza se remontan a hace casi 5.000 años, en textos sánscritos y sumerios, y aparecen mencionadas en historias sobre Buda, así como en la parábola del Nuevo Testamento, cuando Jesús compara el Reino de los Cielos con una semilla de mostaza. Las plantas fueron cultivadas por la civilización del Indo, así como por griegos y romanos. Hoy en día, la mayoría de semillas proceden de Nepal y de Canadá, aunque también se cultiva con fines comerciales en la India, Estados Unidos y Sudamérica.

Las semillas de mostaza son una importante fuente de nutrientes y contribuyen a mantener sanos el intestino y el revestimiento gastrointestinal. Sus elevados niveles de selenio refuerzan el sistema inmunitario y pueden mejorar la función de la glándula tiroides, y, junto con el magnesio, tienen un efecto antiinflamatorio, útil para aquellas personas que sufren asma o artritis reumatoide. Las semillas contienen calcio, cobre, hierro, manganeso y zinc, y además son muy ricas en el complejo de vitamina B, en especial B_1 o tiamina, esencial para la producción de energía celular. Puede tostar las semillas de mostaza en seco o freírlas en una sartén con muy poco aceite hasta que exploten liberando su sabor y su aroma picantes. También puede añadirlas a aliños de ensalada, o bien mezclarlas con arroz hervido o al vapor, o con yogur natural junto con unos copos de chile y unas hojas de curri para obtener una raita refrescante que acompañe sus curris. Finalmente, puede añadirlas a ensaladas de hortalizas crudas, e incluso a las palomitas caseras.

Y no olvide que es muy sencillo hacer germinar las semillas (véase p. 40): solo tiene que remojarlas en agua, escurrirlas y esparcirlas por encima de un paño o un papel de cocina húmedos. Obtendrá sus propios brotes de mostaza, que podrá mezclar con las ensaladas.

Usos y valores: semillas dentro de frutos

Alfalfa *Medicago sativa*

Las diminutas semillas de alfalfa se obtienen de los frutos de una planta perenne de la familia de las fabáceas (= Leguminosas). Estas plantas resistentes a la sequía se cultivan en climas templados de todo el mundo, en especial para forraje y pastoreo del ganado. La planta es muy parecida al trébol, con flores púrpura que se marchitan para dar paso a los frutos que contienen las semillas

Las primeras referencias que se conocen de la alfalfa se han encontrado en Persia (actual Irán), donde era cultivada por los medas, y de allí se extendió por la antigua Grecia y todo el Imperio romano. Los conquistadores españoles llevaron consigo las semillas hasta América del Norte y del Sur para alimentar a sus caballos, y la alfalfa aún se cultiva en la Costa Oeste.

La alfalfa es tan rica en nutrientes que su nombre árabe significa 'padre de todos los alimentos'. Al igual que otras semillas, contiene proteínas vegetales, aparte de muchas vitaminas (A, B, C, D, E y K) y minerales, incluidos calcio, magnesio, manganeso, cobre, fósforo, zinc y hierro. Los brotes son antiinflamatorios, buenos para la salud cardiovascular, y contienen una enzima llamada betaína que participa activamente en la degradación de proteínas y grasas en el cuerpo. Es beneficiosa para las mujeres, especialmente durante la menopausia, ya que contiene estrógenos vegetales y ayuda al equilibrio hormonal.

Crudos, estos brotes tienen un sabor fabuloso en ensaladas crujientes, con humus, con verduras de hoja verde o con un mantecoso aguacate. Úselos como guarnición o añádalos junto a la ensalada en pitas o en wraps. Puede saltearlos, pero la mayoría de métodos de cocción hacen que se resequen y se ablanden, por lo que es mejor comerlos crudos.

Cardamomo *Elettaria cardamomum, Amomum subulatum*

Estas pequeñas semillas negras de delicado sabor se obtienen de las vainas verdes pálidas de *Elettaria cardamomum* y de las vainas marrones de *Amomum subulatum*, ambas nativas del sur de Asia, en especial de la India, Pakistán, Bangladesh e Indonesia. El botánico griego Teofrasto reconoció ambas especies y sus orígenes indios ya en el siglo IV a.C. El nombre deriva del griego *kardamomon* y la primera mención de esta especia aparece documentada en las tablas micénicas.

Las semillas contienen proteínas, vitaminas A, B_6, B_{12}, C y D, además de una gran variedad de minerales, entre ellos hierro, potasio, calcio, cobre y magnesio. El cardamomo tiene un efecto calorífico sobre el cuerpo, vigorizante y terapéutico. Los médicos ayurvédicos usan las semillas y su aceite para calmar la mente, aliviar la tensión y mejorar la memoria y la concentración. Son antiespasmódicas, antiinflamatorias y beneficiosas para el intestino: arreglan el estómago, estimulan el apetito y ayudan a crear un equilibrio ácido/básico en el tracto digestivo. Se pueden usar como remedio natural para muchas afecciones comunes. Añádalas a bebidas lechosas, postres y púdines de arroz para actuar como expectorante, puesto que ayuda a reducir las flemas y a limpiar los senos nasales. Úselas como energizante cuando se sienta agotado o para aliviar las infecciones del tracto urinario. Incluso se pueden masticar después de una comida para ayudar en la digestión y refrescar el aliento.

El cardamomo se encuentra entre las especias más caras y apreciadas del mundo. Aromáticas y fragantes, las semillas tienen un sabor muy característico. Moli-

Semillas de
vainilla

Vaina de vainilla

Fenogreco

Granada

Nigella

Cardamomo

Comino

Alfalfa

das, se mezclan a menudo con otras especias en el garam masala, en mezclas de curri y en la pasta de curri thai. También se pueden utilizar enteras en platos y estofados de lentejas, o para aromatizar pilaf y arroz blanco hervido. Son igualmente buenas en platos y postres dulces, desde los dulces indios tradicionales, especialmente el kulfi, hasta los panes dulces escandinavos, e incluso en pasteles, mousses y helados de chocolate. En la India las semillas se usan para hacer té, mientras que en Israel y en algunos países árabes se muelen con el café para hacer una bebida caliente muy aromática.

Si puede, compre siempre vainas y evite las que estén descoloridas o manchadas. Para sacar las semillas, abra las vainas con un cuchillo pequeño y machaque las semillas en un mortero.

Comino *Cuminum cyminum*

Las semillas de comino, estriadas y de color pardo amarillento, están protegidas en los frutos secos ovoides de una planta de tallos esbeltos de la familia de las apiáceas (= Umbelíferas). Esta planta es nativa de una amplia franja de tierra que se extiende desde el Mediterráneo oriental hasta Oriente Medio y la India.

El nombre de la semilla deriva del término griego *kyminon*. La primera mención conocida aparece en la escritura micénica. De aquí pasó al árabe *kammun* y al latín *cuminum*. El comino se cultiva en países tan diversos como China, México, Chile, Egipto, Marruecos, Irán, Uzbekistán y la India, el mayor productor del mundo. Es adorado en Marruecos, donde las semillas se utilizan como condimento en una gran variedad de platos. En la India a menudo se mezclan con otras especias para preparar el curri en polvo y el garam masala.

Las semillas aportan fibra a la dieta y favorecen la salud intestinal y la buena digestión. Contienen fitoquímicos –sustancias vegetales naturales–, carotenos y luteína, todos ellos antioxidantes que alivian la flatulencia. Son una buena fuente de vitaminas A, B y C, así como de minerales, entre ellos cobre y hierro para los glóbulos rojos y la función inmunitaria, zinc para un correcto crecimiento y la curación de heridas, y selenio para proteger las células de los daños externos. Se está investigando la posibilidad de que las semillas también puedan tener propiedades anticancerígenas.

El sabor calorífico del comino, con sus tonos picantes, potencia muchos platos clásicos de Oriente Medio, Marruecos, la India y México. También puede añadir las semillas a un té calmante, esparcirlas por encima del arroz, la quinoa o unas verduras a la brasa, o incorporarlas a estofados y tajines especiados de pollo o cordero y frutos secos. Son básicas en muchos curris, dhals y masalas indios. En México a menudo se mezclan con chile en polvo para sazonar el pollo.

La terrosidad de las semillas de comino complementa el sabor dulzón de las zanahorias y de otras raíces. También las puede tostar y añadirlas a una vinagreta de mostaza para aliñar ensaladas. El comino en polvo resulta genial en las mezclas de especias, como el za'atar con zumaque y semillas de sésamo.

Es mejor comprar las semillas y molerlas a usted mismo. A diferencia del polvo, las semillas pueden conservarse frescas hasta un año.

Fenogreco *Trigonella foenum-graecum*

La planta del fenogreco, de la familia de las fabáceas (= Leguminosas), se cultiva en la India, el sur de Asia, Oriente Medio, el norte de África, Francia, España y Argentina. Parecida al trébol, prospera bajo condiciones semiáridas y se usa para alimentar el ganado, además de para el consumo humano. Toda la planta es comestible: las hojas se usan como verdura y las semillas, de color ámbar, como especia o para germinados. Son muy comunes en platos indios, aunque también se consumen mucho en Irán, Turquía, Egipto y Etiopía.

Las semillas de fenogreco se encuentran en el interior de unas vainas largas de color pardo amarillento, y recuerdan a pequeñas piedras rugosas. Son ricas en proteínas y constituyen una buena fuente de vitaminas A, B y C, y minerales como hierro, cobre, selenio, zinc, manganeso, magnesio y calcio. También ayudan a aliviar problemas digestivos, evitan el estreñimiento, aumentan la producción de leche en madres lactantes y contribuyen a reducir los niveles de azúcar en sangre, lo que hace que resulten atractivas para enfermos de diabetes. Con su sabor acre y amargo, que recuerda al jarabe de arce, las semillas se tienen que tostar en seco antes de usarlas. El fenogreco molido suele estar presente en los curris en polvo indios. Añada las semillas a curris, encurtidos especiados y chutneys, o germínelas e incorpore el germinado en ensaladas con aliño dulce para contrarrestar su sabor ligeramente amargo.

Granada *Punica granatum*

Durante mucho tiempo se ha visto a la granada como una fruta algo extraña y solo recientemente hemos empezado a reconocer la multitud de beneficios nutricionales y de salud que aporta. La enorme cantidad de semillas, o arilos, que tiene resultan inmediatamente visibles al abrir el fruto maduro, el cual crece en arbolillos y arbustos del Mediterráneo, Asia, el subcontinente indio y el África tropical.

Con sus orígenes en la antigua Persia, el nombre deriva del latín *granatum*. Las semillas se pueden comer crudas o en zumo, o bien elaborar con ellas un jarabe o una melaza. Son una buena fuente de fibra y facilitan la digestión. Además de minerales y vitaminas del complejo B, C y K, las semillas contienen sustancias que pueden ayudar a reducir enfermedades cardíacas, mejoran la circulación y protegen las células de determinados cánceres. Comerlas con regularidad también potencia el sistema inmunitario.

Las granadas son un alimento básico en Oriente Medio, especialmente en platos persas tales como fesenyán (pollo estofado con zumo de granada y nueces) y pilaf al azafrán con semillas de granada. También se usan mucho en postres del norte de África, donde suelen acompañarse con agua de rosas.

Para extraer las semillas, corte una granada horizontalmente por la mitad y sujete cada mitad con el lado cortado hacia abajo sobre un bol ancho. Golpee la granada con un rodillo para que las semillas caigan en el bol. Añádalas a tajines y a estofados –quedan muy bien con cerdo, pato y pollo– o mézclelas con feta salada o mozzarella cremosa, naranja a rodajas y pistachos o piñones como entrante. Póngalas en ensaladas o en cremas de verduras, añádalas a una salsa de tomates frescos con cilantro y chile, o simplemente mézclelas con un yogur griego con miel, unas nueces tostadas y una pizca de canela en polvo. ¡Delicioso!

Nigella *Nigella sativa*

Estas pequeñas semillas negras, también conocidas como kalonji, alcaravea negra, comino negro o cilantro romano, están encerradas en el fruto de la planta del mismo nombre, nativa del sur de Asia. Se han consumido desde la antigüedad y se emplean extensamente en la India y Oriente Medio en curris y en platos con lentejas y pollo, e incluso en el pan.

Las semillas de nigella eran muy apreciadas por sus propiedades curativas y actualmente son aclamadas como las nuevas semillas maravilla. Contienen ácidos grasos esenciales omega 3, minerales y fibra, y facilitan la digestión. Una investigación reciente ha demostrado que las semillas también son un reservorio de una sustancia vegetal única llamada timoquinona, que es antiinflamatoria, antiparasitaria y puede reducir la proliferación de células mutadas. Los estudios sugieren que estas semillas también pueden ayudar a reducir la tensión sanguínea y la diabetes tipo 2, asociada al colesterol.

Las semillas aportan un sabor picante, parecido al de la cebolla, algo acre y ligeramente amargo, y es mejor saltearlas en seco antes de usarlas. Al machacarlas liberan el aroma, algo picante. Si quiere molerlas, use un molinillo de especias o uno de café; es muy difícil hacerlo con un mortero. Puede añadirlas a un dhal, a verduras, a chutneys, a encurtidos y al pan naan. En el norte de África los panaderos las añaden a una gran variedad de panes blancos. Espolvoree las semillas molidas por encima de arroz al vapor, huevos revueltos, zanahorias y chirivías asadas, y tomates crudos, o incorpórelas al aliño de las ensaladas.

Vainilla *Vanilla planifolia*

La vainilla es uno de los aromatizantes más populares del mundo y se añade prácticamente a cualquier cosa, desde helados y galletas hasta perfumes y champús. Las diminutas semillas son como pecas negras y están encerradas en las vainas largas y delgadas de una orquídea trepadora tropical, cultivada en México des-

de la época precolombina. Adorada por los aztecas, fue introducida en Europa por los españoles en el siglo XVI. Es cara en parte porque las plantas deben ser polinizadas a mano y su cultivo supone un trabajo intensivo.

La vainilla contiene pequeñas cantidades de vitamina B y trazas de hierro, zinc, calcio, magnesio, potasio y manganeso. Dado que se consume en pequeñas cantidades, los beneficios nutricionales y de salud probablemente sean mínimos.

Para aromatizar leche y otros líquidos solo tiene que calentarlos con vainas secas y enteras de vainilla. O puede ponerlas dentro de un tarro de azúcar para que aporten su aroma y su sabor distintivos: tardará unas tres semanas en penetrar.

Para extraer las semillas, abra una vaina de arriba abajo y ráspela con la punta de un cuchillo afilado. Úselas en smoothies, tartas, muffins, tortitas, helados, cremas, salsas y helados cremosos: aportarán un toque visual muy atractivo. La vainilla también suele añadirse para dar sabor a los platos y combina sorprendentemente bien con pollo, pato y marisco. Hay quien incluso añade unas semillas al chili con carne.

Usos y valores: inflorescencias y granos

Adormidera *Papaver somniferum*

Estas diminutas semillas negras o azul pizarra, que miden un milímetro aproximadamente, se obtienen de las vainas secas de la planta de la adormidera. Su ingesta no es perjudicial, dado que tienen un contenido muy bajo en opiáceos, sin efectos narcóticos. Son muy apreciadas en la cocina clásica de la Europa del Este y Central, donde se añaden enteras o como una pasta para dar color a pasteles, tartas, panes y tartas de queso. Las semillas se pueden prensar para obtener aceite, o bien moler hasta obtener una pasta aceitosa.

Las adormideras se han cultivado desde la antigüedad por sus semillas, puesto que se creía que tenían poderes sobrenaturales y se usaban como remedios naturales. Los minoicos y los egipcios las empleaban como sedantes y para combatir el insomnio. Aunque suelen comerse en cantidades muy pequeñas, las semillas de adormidera tienen un importante valor nutricional, y son ricas en vitaminas y minerales, sobre todo vitaminas del complejo B, manganeso, cobre, hierro y calcio. Contienen ácido oleico, que ayuda a aumentar los niveles del colesterol «bueno» (HDL) y a reducir los del «malo» (LDL).

Las semillas de adormidera se han usado tradicionalmente esparcidas por encima de crackers, bagels, panecillos de hamburguesa y pan blanco, o mezcladas en la masa de muffins y de tartas. También se pueden añadir a la masa de empanadas y a la base de tartas de queso. Mézclalas con fruta escaldada o estofada para preparar strudels y tartas. En la India a veces se usan en dulces o para decorar postres, o se saltean en seco con especias y coco y se añaden a kormas o se mezclan con arroz hervido, patatas y verduras. Puede añadirlas al aliño de las ensaladas o esparcirlas sobre un pollo asado, sobre gambas a la plancha o sobre verduras a la brasa para aportar una textura ligeramente arenosa y un sabor terroso. Al igual que otras semillas, puede hornearlas sobre una hoja de papel apta para el horno o saltearlas rápidamente en seco para intensificar su sabor y su aroma ligeramente a nueces.

Las semillas de adormidera se ponen rancias con relativa facilidad, por lo que compruebe siempre la fecha de caducidad del envase antes de comprarlas, y guárdelas con cuidado. En fresco se conservan hasta seis meses.

Calabaza *Cucurbita pepo*

A menudo conocidas como «pepitas», sobre todo en México y en Estados Unidos, las semillas de calabaza son planas, ovales y de color verde oscuro. Las calabazas son nativas de las Américas, donde se han cultivado durante miles de años. En las cunetas de las carreteras locales estadounidenses se apilan en otoño montones de calabazas recién cosechadas para ser vendidas para Halloween y el Día de Acción de Gracias, fechas en las que la tarta especiada de calabaza es el postre tradicional. Cada calabaza madura contiene centenares de semillas encerradas en una cáscara de tono amarillento pálido, que se pueden extraer del centro y dejarlas secar. Tienen un elevado contenido en grasas y de ellas se puede extraer un aceite de intenso sabor a nueces, simplemente prensando las semillas tostadas y peladas. Se usa en la Europa del Este para aliñar ensaladas y para rociar verduras a la brasa y cremas de calabaza.

Las semillas de calabaza son muy nutritivas y constituyen una buena fuente de proteínas y de fibra. Contienen vitaminas B, C, E y K, así como numerosos

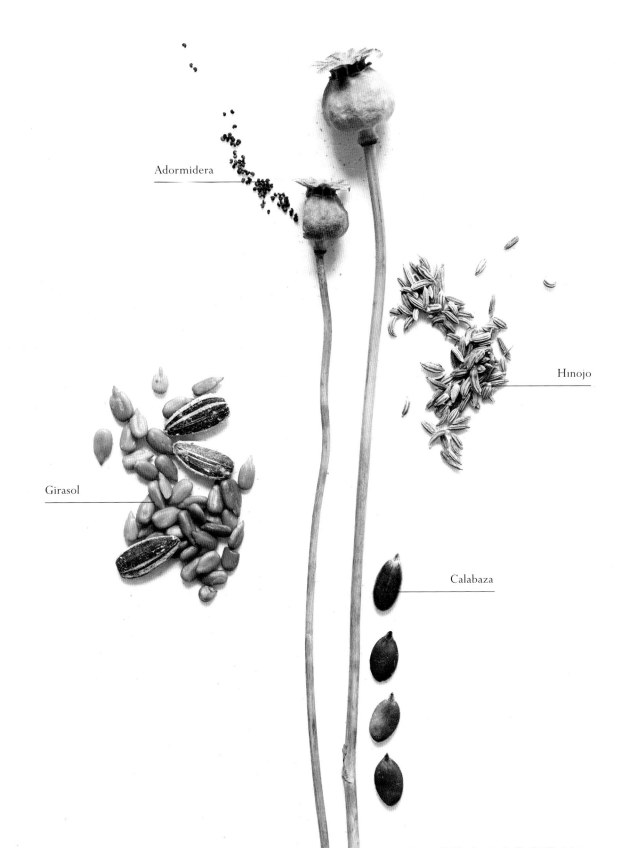

Adormidera

Hinojo

Girasol

Calabaza

minerales: calcio, hierro, cobre, manganeso, magnesio, fósforo, potasio y sobre todo zinc, que tiene un importante papel en la degradación de hidratos de carbono, el crecimiento celular y el mantenimiento del sistema inmunitario.

Las semillas tienen un agradable sabor a nueces y una textura crujiente. A menudo se tuestan (a veces con especias y con sal) y se comen como aperitivo o como comida callejera, especialmente en México, Estados Unidos y Grecia. Añádalas a salteados y ensaladas, o espárzalas sobre cereales, frutas o yogures para obtener un desayuno saludable. Incorpórelas a un muesli casero, a granolas, a barritas energéticas, a la masa de panes y galletas, a dulces y sabrosos muffins, y a otros postres. Píquelas y añádalas al aliño cítrico de las ensaladas o incluso a unas hamburguesas vegetarianas. Enteras, tanto crudas como tostadas, son una colorida guarnición de cremas y purés vegetales. Añádalas a mezclas caseras con otros frutos secos tostados y chips de plátano.

Los aztecas molían semillas de calabaza con chiles frescos y otras especias para crear sabrosas salsas. De la misma manera, puede hacer una versión picante de pesto para acompañar pescado, pollo, pasta o verduras asadas. Triture algunas semillas tostadas en un robot de cocina o en una batidora con ajo, cilantro fresco, cebolleta, tomates, zumo de lima, aceite de oliva y parmesano rallado. O pique las semillas y añádalas a una salsa de tomate picante para servir con platos mexicanos tales como fajitas, nachos, burritos y tacos. Al tostar o saltear las semillas, enfatizará su sabor y su aroma naturales. Para tener semillas picantes, antes de tostarlas añádales un poco de chile, pimentón o comino, o cúbralas con miel para darles un sabor dulce. Como alternativa puede tostarlas y servirlas calientes como aperitivo acompañando una bebida, mojadas con un poco de salsa de soja.

Las semillas de calabaza se pueden hacer germinar; en este caso aportan una textura y un sabor maravillosos a las ensaladas basadas en espinacas y kale troceada.

Girasol *Helianthus annuus*

Las semillas —conocidas vulgarmente como pipas— de girasol son los granos comestibles del interior, rodeados por las cáscaras con rayas blancas y grises o negras que se forman en la inflorescencia del girasol cuando empieza a secarse tras la floración. El girasol se cultiva para uso comercial sobre todo por su aceite, que se extrae prensando las semillas. Procede de América Central (Perú y México), donde los nativos americanos lo empezaron a cultivar hace más de dos mil años. Los españoles llevaron las semillas a Europa y hoy en día estas bonitas plantas se cultivan en todo el mundo.

Nutricionalmente las semillas son una fuente de proteínas y de fibra. Son bastante energéticas, ya que su contenido en grasas (poliinsaturadas) supera el 50 %. También contienen vitaminas E y B, y son ricas en ácido fólico, necesario para las mujeres durante el embarazo. Además, las semillas son una fuente de diversos minerales, tales como hierro, zinc, selenio, calcio, potasio, magnesio y manganeso, que desempeñan un importante papel en la producción de hormonas y glóbulos rojos, y en el buen desarrollo de huesos y músculos.

Las semillas, saladas y tostadas con cáscara, se venden como aperitivo. También las puede saltear o tostar con especias en polvo para potenciar su sabor. Úselas peladas en el dukka egipcio y con otros frutos secos en ensaladas, cereales y yogures, o bien hornéelas: aportan sabor y textura al pan de semillas, galletas, barritas energéticas, tortitas y bases de tartas de queso. Añádalas al muesli y a la granola, o incluso como cobertura de frutas al horno.

Hinojo *Foeniculum vulgare*

Una vez secas, las estriadas semillas verdes o de color pardo claro del hinojo –un miembro de la familia de las apiáceas (= Umbelíferas)– tienen un característico sabor anisado y un aroma dulzón. La planta es nativa de la región mediterránea y florece en suelos secos en zonas costeras. Tanto las semillas como las hojas, muy divididas, eran bien conocidas por los antiguos griegos, quienes las usaban con fines medicinales y culinarios. Hoy en día el hinojo se cultiva en todo el mundo, sobre todo en la India y Oriente Medio, donde es una especia muy usada.

Las semillas son una buena fuente de fibra y estimulan la salud del sistema digestivo. En algunos países, como la India, se suelen masticar después de las comidas como digestivo natural y para refrescar el aliento, y en la medicina tradicional se usan para tratar la indigestión y la flatulencia. El aceite extraído de las semillas se usa como solución medicinal para aliviar los cólicos del lactante. Las semillas de hinojo contienen vitaminas A, B, C y E, así como algunos minerales importantes, sobre todo hierro, manganeso, cobre, calcio, magnesio y zinc.

Usadas enteras o molidas, las semillas de hinojo son uno de los ingredientes de la mezcla tradicional china de cinco especias. En Italia se mezclan con hierbas aromáticas y especias molidas y se utilizan para aliñar la carne de las salchichas de cerdo o las albóndigas de cerdo especiadas que se sirven con salsa de tomate. Las semillas, tanto enteras como molidas, también se usan ampliamente en la cocina india, especialmente en mezclas de curris en polvo, curris de patatas y verduras, encurtidos, chutneys y condimentos, así como para aromatizar el pan naan. También se pueden usar para dar aroma al pan y a la masa de pizza, las galletas, los muffins y las tartas. Incluso las puede añadir a helados y pralinés de nueces. Maridan perfectamente en aliños para ensaladas, especialmente sobre el bulbo de hinojo rallado o combinadas con naranja fresca. Y pueden perfumar una simple pierna de cordero o de cerdo hecha al horno con patatas, verduritas, aceite de oliva y limón.

Las semillas de hinojo constituyen el ingrediente principal de muchas tisanas, así como del té masala indio, y son especialmente buenas en invierno, ya que pueden servir para aliviar la tos y las congestiones nasales. Beber una taza de té de hinojo también puede facilitar la digestión y reducir la hinchazón y la flatulencia. Las semillas de hinojo se mantienen frescas durante más tiempo que la mayoría de semillas y se conservan hasta dos años si se guardan en un recipiente hermético en un lugar fresco y oscuro.

Usos y valores: seudocereales

Chía *Salvia hispanica*

Estas diminutas semillas, ovales y moteadas, que pueden ser blancas o negras, proceden de una planta de la familia de las lamiáceas, como la menta. Lo que la hace tan especial es su capacidad de absorber agua: al sumergirlas se hinchan hasta alcanzar 15 veces su tamaño original, adquiriendo una curiosa consistencia gelatinosa. Los glóbulos redondos y gelatinosos recuerdan a la tapioca. Tienen un sabor bastante suave a nueces y se pueden prensar para extraer el aceite.

La chía es originaria de México, donde se cultiva desde hace miles de años como alimento básico. Los aztecas la consideraban sagrada y la usaban como medicamento y en ceremonias religiosas. Hoy en día se cultiva en América del Sur y en Australia.

Se considera que las semillas son un superalimento, ya que ayudan a bajar los niveles de colesterol y reducen el riesgo de enfermedades cardíacas. Son ricas en vitaminas del complejo B, especialmente niacina y tiamina, que liberan la energía de los hidratos de carbono y ayudan a mantener la función orgánica y celular. También contienen vitaminas A, C y E, además de minerales, como manganeso, magnesio, calcio, hierro y zinc. Son una buena fuente de fibra y de proteínas vegetales, ya que tienen todos los aminoácidos esenciales, así como ácidos grasos omega 3.

Las semillas crudas se pueden mezclar con cereales, yogur y ensaladas, o bien se pueden añadir a panes, galletas, barritas energéticas y granolas. Úselas enteras o molidas en smoothies y zumos, o prepare con ellas una deliciosas gachas.

Lino *Linum usitatissimum*

El lino, o linaza, se obtiene de la planta del mismo nombre. Esta planta, perteneciente a la familia de li-

náceas, es más conocida por producir fibras textiles –usadas para tratar y terminar la lana– y por el aceite de linaza, utilizado como suplemento nutricional. El lino se ha cultivado durante miles de años en Oriente Medio y en Egipto, y los romanos lo empleaban para fabricar velas.

Las semillas, doradas o de color pardo rojizo, son una buena fuente de proteínas, ácidos grasos omega 3, vitaminas B y C y minerales, especialmente magnesio, fósforo, zinc, hierro y calcio. Debido a su elevado contenido en fibra, se han utilizado desde la antigüedad como remedio natural para tratar el estreñimiento. Las semillas se pueden prensar para extraer un aceite de sabor mantecoso que se emplea como laxante. El lino, tanto molido como tostado, se puede sumergir en agua para obtener una goma (similar a la goma xantana), que se puede emplear para elaborar platos sin gluten.

Puede incorporar las semillas, de suave sabor a nueces, en panes, galletas, muffins, tortitas, gofres, barritas energéticas, crackers, muesli y gachas. Es mejor molerlas en el momento que dejarlas enteras, ya que son más fáciles de digerir; para ello use un molinillo para especias o de café. Como alternativa, puede dejar el lino toda la noche en remojo y añadir las semillas hinchadas a un smoothie o a un zumo de frutas para desayunar. En la India las semillas se añaden en ocasiones a curris, chutneys y raita, o se muelen y se mezclan con harina de chapati para hacer roti.

El aceite se puede mezclar con otros ingredientes para aliñar ensaladas, arroz hervido o verduras a la brasa. No lo utilice para cocinar, ya que puede ser inestable y quemarse a temperaturas relativamente bajas.

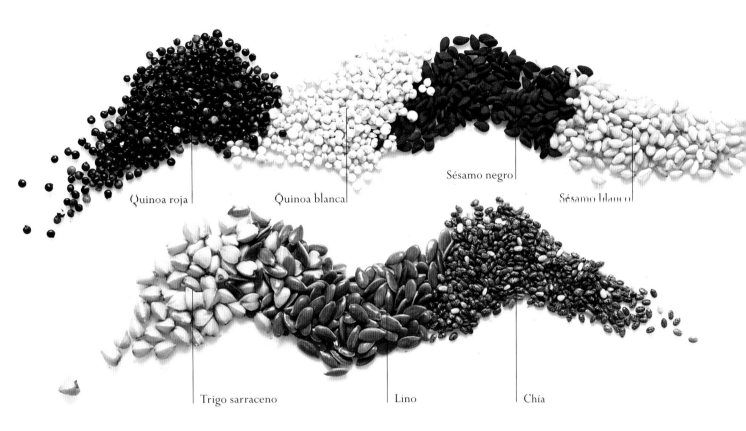

Quinoa roja Quinoa blanca Sésamo negro Sésamo blanco

Trigo sarraceno Lino Chía

Quinoa *Chenopodium quinoa*

Este seudocereal es originario de los Andes, donde era cultivado por los incas como alimento. No es un verdadero cereal y se cultiva sobre todo por sus semillas, alojadas dentro de las infrutescencias secas. Prefiere climas frescos a gran altitud y puede soportar temperaturas bajas. Antaño alimento básico en Perú, Ecuador, Bolivia, Colombia y Chile, hoy en día se come en todo el mundo y también se cultiva en América del Norte y en Europa.

Las semillas se cocinan y se comen enteras o bien se muelen hasta obtener una harina sin gluten. La mayor parte de la quinoa que compramos es blanca, aunque también existen variedades negras y rojas. Sin embargo, estas tienen una textura ligeramente mas crujiente y tardan algo más en cocerse. La quinoa es una importante fuente de proteínas y contiene to-

dos los aminoácidos esenciales. No tiene gluten y es fácil de digerir, tiene muy pocas grasas y es rica en vitaminas A, B, C y E, así como en potasio, fósforo, manganeso, hierro, zinc, calcio y magnesio. La quinoa cocida tiene un sabor a nueces ligeramente amargo, una textura esponjosa con un punto crujiente, y un aspecto translúcido, y se hincha hasta cuatro veces su volumen original. Se prepara de un modo similar al arroz y se debe enjuagar muy bien antes de cocerla. Llévela a ebullición y déjela hervir a fuego lento unos 20 minutos. Está lista para comer cuando la semilla se separa del germen y parece que emerja una «cola», y aún está firme al paladar (al dente). Tape la cacerola y déjela reposar unos 8 10 minutos antes de escurrir y servir. Se puede mezclar con verduras, especias, frutos secos y fruta –como por ejemplo granada–. Alíñela para comerla como una ensalada o utilícela para rellenar verduras, carnes y aves. Puede añadirla a unas hamburguesas veganas, servirla con estofados o con pollo asado, con pescado y gambas a la plancha, o bien elaborar un pilaf o un tabulé de Oriente Medio, o un pilau al estilo indio. Resulta deliciosa servida caliente y simplemente aliñada con un poco de aceite de oliva y un chorrito de zumo de limón o de lima y una pizca de pimienta negra y sal. Añada unas hierbas picadas para aportar sabores adicionales.

Hierva la quinoa a fuego lento en leche de coco como alternativa a los cereales del desayuno, o añádala a la avena y sírvala con un poco de canela y fruta. Incluso puede hacer pan y galletas con ella, o germinarla (véase p. 40) y usarla en una ensalada.

Sésamo *Sesamum indicum*

La planta del sésamo, originaria de la India, tolera condiciones de sequía e intenso calor, y se ha cultivado en las regiones tropicales durante miles de años por sus semillas comestibles y por el aceite que se obtiene de ellas. Las semillas, que suelen ser blancas o negras, crecen dentro de cápsulas. Actualmente los principales países productores son la India, China y Nigeria.

Las semillas de sésamo son ricas en grasas monoinsaturadas (50 %), que ayudan a reducir los niveles de colesterol en sangre. Son una buena fuente de proteínas y de fibra, de vitaminas A, B, C y E, así como de cobre, manganeso, magnesio, hierro, zinc y calcio. Son especialmente ricas en selenio, un importante mineral que refuerza el sistema inmunitario, las glándulas sexuales y el buen funcionamiento de la glándula tiroides, encargada de regular el metabolismo y los niveles de temperatura y de peso en el cuerpo. Estas pequeñas semillas aportan muchos beneficios a la salud, y se usan para tratar y aliviar una gran variedad de

problemas, desde diabetes y tensión sanguínea elevada hasta gingivitis.

El característico e intenso sabor a nueces del sésamo es apreciado en una amplia variedad de cocinas, desde la India, el sur de Asia, Japón, China, Vietnam y la costa este del Mediterráneo, hasta el Caribe, México y Estados Unidos. Las semillas son versátiles y se pueden utilizar en toppings y como decoración en panes, panecillos de hamburguesas, crackers, galletas, sushi y ensaladas. Úselas para recubrir pollo, salmón y atún antes de hornearlos (mézclelas con salsa de soja, ajo, miel y aceite de sésamo), añádalas con miso a los fideos soba, tómelas con arroz hervido con chili y especias, o incorpórelas a un salteado. Se usan para aromatizar platos vegetales indios, condimentos, chutneys, encurtidos y dulces. En Grecia y el Caribe se usan para hacer barritas dulces crujientes y se añaden a postres, mientras que en México aportan su sabor y su aroma a moles y tortitas. Y en Oriente Medio, el norte de África y el centro y el este de Europa se mezclan con miel o azúcar para hacer halva, un dulce denso y compacto que se sirve cortado en trozos finos.

La comida más conocida que se elabora con semillas de sésamo es la tahini. Esta pasta espesa, que es un ingrediente básico en la cocina de Levante y del este del Mediterráneo, se usa para aromatizar platos de humus y de berenjena a la brasa, así como para base de salsas y aliños. La puede comprar en tarros en la mayoría de supermercados, o bien la puede elaborar usted mismo mezclando semillas de sésamo tostadas y aceite en un batidora hasta lograr una consistencia densa y homogénea. Puede conservarla durante varios meses en la nevera en un envase hermético.

El aceite de sésamo se utiliza en muchos platos chinos, japoneses, coreanos, vietnamitas e indios. Fragante y aromático, se suele añadir crudo a la comida antes de servirla o se emplea en aliños de ensaladas y verduras cocidas. Asimismo puede comprar aceite de sésamo tostado, más oscuro y de sabor intenso; además se conserva más tiempo que el aceite normal. En la medicina ayurvédica el aceite de sésamo se usa para hacer masajes, especialmente a bebés y niños.

Trigo sarraceno *Fagopyrum esculentum*

El nombre de la planta lleva a confusión, ya que no es un miembro de la familia del trigo –poáceas (= Gramíneas)–, sino de la familia de las poligonáceas, como el ruibarbo. Sin embargo, se cultiva para su uso comercial como cereal y su grano se puede moler para obtener una harina oscura o hacer fideos. Cada semilla, de color pardo verdoso y de forma triangular, está envuelta por una cubierta externa oscura.

El trigo sarraceno, también llamado alforfón, es originario del sudeste de Asia, donde empezó a usarse hace unos 8.000 años. Su cultivo se extendió desde China y Tíbet hasta el Asia Central y los Balcanes. Es muy popular en Rusia, donde ha sido un alimento básico durante centenares de años y es un ingrediente esencial de muchos platos nacionales, como el kasha.

Uno de los motivos de la reciente popularidad del trigo sarraceno en los países occidentales es que no tiene gluten, lo que hace de él una alternativa saludable al trigo para las personas con intolerancia al gluten y con enfermedad celíaca. Es una fuente de proteínas y de fibra, así como de vitaminas B y C, y tiene un elevado contenido mineral, sobre todo de magnesio, manganeso, fósforo, zinc, hierro y potasio. El trigo sarraceno es rico en flavonoides, que ayudan a que la vitamina C proteja de infecciones y enfermedades. Actualmente se está investigando si puede emplearse

como herramienta para luchar contra la diabetes porque reduce los niveles de glucosa en sangre.

Aunque el trigo sarraceno sacia, tiene un bajo contenido en grasas (solo el 3 %) y reduce los antojos, por lo que es una buena elección para aquellas personas que siguen una dieta para perder peso. También contiene rutina, un nutriente que ayuda a fortalecer las paredes de los microcapilares, de manera que mejora la circulación y protege frente a enfermedades cardiovasculares y neurológicas.

El trigo sarraceno sin tostar tiene un sabor más sutil que la variedad tostada, que sabe a nueces y es más ahumado. El trigo sarraceno es muy versátil y permite elaborar unas deliciosas gachas, aromatizadas con canela en polvo y servidas con fruta fresca, miel y yogur, o bien se puede añadir a sopas, estofados y cazuelas. Debido a su sabor terroso, champiñones, raíces y col combinan muy bien con el trigo sarraceno. Una manera muy popular de comer la variedad tostada consiste en elaborar un pilaf, que se puede comer caliente como acompañamiento, o frío, en ensalada, con verduras y frutos secos, y aliñado con una vinagreta. Saltéelo con jengibre, verduras troceadas, chile y semillas y aceite de sésamo. También puede hacerlo germinar y añadirlo a una ensalada. La harina puede ser de color claro u oscuro, y se emplea para hacer galletas, muffins, pan, tortitas, blinis y creps, así como fideos. En la India, la pakora se suele preparar con harina de trigo sarraceno y se usa para rebozar verduras antes de freírlas. En algunas partes de Italia la harina sustituye a la patata o a la sémola en los ñoquis. El trigo sarraceno se puede comer también en forma de fideos soba, servidos fríos con salsa, añadidos a sopas o mezclados en caliente en una ensalada con un aliño thai picante o a base de sésamo.

Usos y valores: de un vistazo

Esta tabla de semillas y sus propiedades muestra los beneficios particulares que ofrece cada tipo de semilla, por lo que le ayudará a identificar cuáles de ellas le podrían ser especialmente útiles para abordar cuestiones específicas, así como para ayudar a su salud y bienestar generales.

De un vistazo: frutos

SEMILLA	DESCRIPCIÓN	USOS CULINARIOS	NUTRIENTES	BENEFICIOS
ALCARAVEA	Semillas de color pardo oscuro formando umbelas (frutos dispuestos en sombrilla, partiendo de un eje central) en las flores de color crema de una planta bienal.	Tostadas ligeramente para que liberen su aroma, se utilizan sobre todo para hacer tortitas, galletas, quesos y en algunos platos de carne por sus aromas especiados.	Antioxidantes como vitaminas A, C, E, zinc y manganeso, y nutrientes como luteína, caroteno y zeoxantina, así como calcio, magnesio, potasio y vitaminas del complejo B, aparte de algunos aceites esenciales.	Antiespasmódica, empleada para aliviar la flatulencia, la indigestión y los cólicos infantiles, también puede ayudar a proteger el colon de algunos tipos de cáncer.
CÁÑAMO	La semilla, pequeña y de color blanco verdoso, es el fruto de la planta macho, presente en espigas en el centro de pequeñas flores verdes.	Usadas por su aceite en aliños y marinados, así como una vez germinadas en ensaladas, y esparcidas en sopas. Ahora también se usan en platos basados en cereales, como cebada y arroces negro y salvaje.	Los 20 aminoácidos conocidos. Las semillas contienen cannabinoides, sustancia también presente en el cannabis; vitamina B, niacina, tiamina y riboflavina. Ácidos grasos esenciales, omega 3 y 6.	Pueden ayudar a controlar los niveles de azúcar en sangre, a reducir la inflamación, a bajar la tensión arterial, a regular las hormonas, a asimilar las proteínas para el crecimiento, a cicatrizar y a reparar. Potentes efectos antiinflamatorios, anticonvulsivos y calmantes; pueden ayudar a la producción de energía celular.
CILANTRO	La planta madura tiene pequeñas flores rosadas que dan lugar a frutos ovales. Cuando se secan al sol unos días, dan paso a las semillas.	Machacadas y ligeramente tostadas, se emplean en curris y otros platos asiáticos, así como en ensaladas, aliños, salsas, marinados y para aromatizar carnes y pescados en barbacoas. También se utilizan en platos basados en cereales (cebada, arroces negro y salvaje).	Hierro, cobre, calcio, magnesio, manganeso, zinc, ácidos grasos oleico y palmítico, y omega 6. Ricas en vitaminas C y K.	Beneficiosas para huesos y ligamentos, antioxidantes potentes que ayudan a reducir los niveles de colesterol LDL. La fibra ayuda a limpiar el colon. El zinc es bueno para la salud del esperma. Grasas esenciales para la piel.
MOSTAZA	Presentes en las vainas que se desarrollan en las flores de la planta cuando estas maduran. Pueden ser «blancas» (de color amarillo pálido), pardas o negras, y tienen diferentes intensidades de sabor según su color.	Tostadas y molidas, añadidas a otras especias para aromatizar carnes, pescados y algunos platos de cereales y verduras. Molidas, también se pueden añadir a aliños y marinados de aves, carnes y pescados.	Especialmente ricas en selenio, un mineral conocido por sus propiedades inmunológicas; magnesio, manganeso, fósforo, cobre, vitamina B₁ y fibra.	Potencian el sistema inmunitario, equilibran los niveles hormonales, mejoran los síntomas de la menopausia, facilitan el sueño, son antiespasmódicas y alivian la inflamación relacionada con la artritis reumatoide.

De un vistazo: semillas dentro de frutos

SEMILLA	DESCRIPCIÓN	USOS CULINARIOS	NUTRIENTES	BENEFICIOS
ALFALFA	La más pequeña de todas las semillas de este grupo, se encuentra en una planta de flores púrpura perteneciente a la familia de las fabáceas.	Sobre todo como germinado en ensaladas, para decorar sopas y como acompañamiento de pescados y carnes.	Todos los antioxidantes que otras semillas más grandes contienen, en particular todas las vitaminas del grupo B, esenciales para la producción de energía, así como minerales abundantes, calcio, magnesio, manganeso, zinc y cobre. Se encuentran en concentraciones mayores cuando las semillas han germinado (véanse pp. 40-41).	Aportan energía; cicatrizan y reparan; ayudan a la regeneración de todos los órganos vitales.
CARDAMOMO	Las diminutas semillas se disponen en filas verticales en el fruto del cardamomo.	A veces tanto el fruto como las semillas se comen enteros en la India pero en la cocina occidental se añaden a platos por su sabor intenso y se retiran una vez cocinados. Se usan con leche caliente y en púdines de leche, y en platos de arroz, tanto dulces como salados.	Calcio, magnesio, potasio, antioxidantes, vitaminas B y C.	Refuerzan el sistema inmunitario, reducen las flemas del aparato respiratorio (nariz, garganta, pecho), ayudan a sanar las infecciones del pecho y calman la digestión. Antiinflamatorias.
COMINO	Semillas oblongas de color amarillo grisáceo, procedentes de la vaina seca de la planta del comino, perteneciente a la familia de las apiáceas. A menudo se confunden con las semillas del hinojo, pero las del comino son bastante más potentes.	Enteras o en polvo, se usan en muchos platos indios y persas, tanto vegetarianos como con carne, así como en arroces, bebidas y condimentos dulces.	Ricas en antioxidantes, vitaminas A, C y E, zinc y selenio, así como potasio, calcio, magnesio y manganeso.	Beneficiosas para huesos y ojos, enfermedades cardiovasculares, reducen la tensión arterial, ayudan a la digestión, reducen la flatulencia y son antimicrobianas y antifúngicas.
FENOGRECO	Diminutos dicotiledones de color ocre, las semillas se encuentran en el fruto seco de la planta del mismo nombre.	Usada como especia en verduras, ensaladas, platos de cereales, marinados, aves y pescados.	Fibra, cobre, hierro, selenio y zinc, vitaminas A, B y C, y folato.	Ayudan a equilibrar los niveles de azúcar al estimular la producción de insulina, y favorecen la digestión y la salud cardiovascular.

SEMILLA	DESCRIPCIÓN	USOS CULINARIOS	NUTRIENTES	BENEFICIOS
GRANADA	Semillas rosadas y jugosas presentes dentro de frutos del mismo nombre, protegidas por una pulpa blanca.	Aportan un sabor dulce y jugoso y una textura crujiente a los boles de desayuno, zumos, batidos y ensaladas, y decoran muchos platos principales.	Proteínas, fibra, grasas esenciales, beta-caroteno, flavanoles y polifenoles vitamina C y punicalaginas (todos ellos potentes antioxidantes, esenciales para eliminar las sustancias de desecho procedentes de las funciones metabólicas naturales), y vitamina K para la coagulación sanguínea.	Adecuadas para dietas de pérdida de peso, antiinflamatorias y potentes antioxidantes para el sistema inmunitario, pueden ayudar a proteger frente a enfermedades neurológicas como el Alzheimer, así como el cáncer de próstata y de mama. Pueden reducir la tensión arterial y ayudan a equilibrar la relación entre el colesterol bueno y el malo. Antibacterianas y antifúngicas.
NIGELLA	Pequeñas semillas negras angulares de la planta de flores de color azul pálido o blanco del mismo nombre; las semillas se forman en el interior de una cápsula, y cuando esta se seca se liberan.	Usadas con frutas, verduras, ensaladas, aves y curris.	Los aceites de las semillas contienen una grasa esencial conocida como ácido linoleico conjugado, que puede ser útil para perder peso y que ayuda a neutralizar ácidos saturados potencialmente dañinos.	Dietas de pérdida o de mantenimiento de peso, enfermedades cardíacas y neurológicas, producción de energía celular, equilibrio hormonal.
VAINILLA	Semillas negras en el interior de una vaina; el único fruto utilizado de una orquídea.	Se puede infusionar en leches, cremas, yogures y helados, así como en aceites y platos horneados.	Calcio, magnesio, potasio y manganeso.	Beneficiosas para huesos y ligamentos, pelo y uñas.

De un vistazo: inflorescencias y granos

SEMILLA	DESCRIPCIÓN	USOS CULINARIOS	NUTRIENTES	BENEFICIOS
ADORMIDERA	De color negro azulado, se encuentran en la cápsula de una flor de brillantes colores.	Pueden mejorar ensaladas, platos horneados, aliños y salsas. A menudo se usan en la cocina persa y de Oriente Medio.	Ricas en antioxidantes, ácido oleico y ácidos grasos esenciales, fibra, hierro, cobre, calcio, manganeso y vitaminas B.	Reducen los niveles de colesterol LDL. Son beneficiosas para la piel y pueden ayudar a aliviar el estreñimiento.
CALABAZA	Semillas verdes oscuras y planas, presentes en el interior de la calabaza (el fruto). Algunas están envueltas por una cáscara blanca amarillenta	Las semillas de calabaza tostadas se pueden usar para decorar cremas, yogures, sopas, salteados y ensaladas. También se pueden utilizar en barritas energéticas y granolas. Las semillas de calabaza molidas resultan un gran revestimiento para carnes y aves de corral.	Manganeso, fósforo, cobre, hierro, magnesio, zinc y vitaminas B y K. Ricas en proteínas.	Tienen propiedades antioxidantes y antimicrobianas y mejoran el trabajo del intestino, de la próstata y de los riñones; además regulan la producción de insulina.
GIRASOL	Se encuentran en el centro de la flor amarilla brillante del girasol. Son de color verde grisáceo y se vuelven negras al exponerse al sol intenso.	Se pueden dejar germinar para aportar proteínas y enzimas a ensaladas, sopas, zumos y batidos; se pueden tostar para potenciar su sabor a nueces, y añadir a granolas, cereales del desayuno, barritas y tentempiés veganos, o bien se pueden triturar e incorporar en salsas.	Una de las principales fuentes vegetales de proteína, fibra y grasas poliinsaturadas, el aceite de girasol es el segundo más popular por detrás del aceite de oliva. Ricas en tiamina (vitamina B_1), niacina (B_3), piridoxina (B_6), folato, hierro, zinc, fósforo, cobre, potasio, selenio, vitamina E, magnesio y manganeso.	Ayudan a librerar la energía de los alimentos contriubuyendo a la función metabólica. Antiinflamatorias y beneficiosas para el sistema cardiovascular, ayudan a disminuir el colesterol LDL dañino. Calman los nervios y promueven la desintoxación del hígado.
HINOJO	Recolectadas del hinojo, una planta herbácea, cuando las infrutescencias se vuelven de color pardo pálido. Las semillas son oblongas, de 3-4 mm, de color pardo claro con líneas verticales finas en la superficie.	Para mejorar su aroma y su sabor, las semillas de hinojo se muelen justo antes de ser usadas, o bien se tuestan enteras. Se pueden utilizar como especia salada, como condimento o como base de sabor. Se utilizan mucho en platos de pescado y verduras, así como en pastas de queso y para dar sabor a panes y pasteles.	Fuente importante de fibra y de antioxidantes, contienen, entre otros minerales, cobre, hierro, calcio, potasio, manganeso, selenio, zinc y magnesio, así como vitaminas A, B_1, B_2, B_3, B_6, C y E.	Remedio para la flatulencia y la indigestión en las medicinas tradicionales. Se cree que ayudan a aumentar la producción de leche materna. Son antioxidantes, con propiedades antiinflamatorias y digestivas. Ayudan a bajar los niveles de colesterol LDL.

De un vistazo: seudocereales

SEMILLA	DESCRIPCIÓN	USOS CULINARIOS	NUTRIENTES	BENEFICIOS
CHÍA	La infrutescencia crece en el ápice del tallo, y tiene el aspecto del trigo o la cebada, y de ahí el término «seudocereal».	Resulta una alternativa a la avena, al trigo, al arroz o a la cebada, en platos dulces o salados, y constituye un ingrediente rico en proteínas en smoothies veganos y otras bebidas saludables. Adecuada para dietas ricas en proteínas.	Una de las principales fuentes de proteínas vegetales, fibra, omega 3, 6 y 9, calcio, magnesio, hierro, zinc y ácido fólico.	Digestión, salud ósea y neurológica, función cognitiva, energía y vitalidad.
LINO	El color de las semillas varía del amarillo al pardo rojizo. Evite las semillas blanquecinas, verdes o negras, ya que se hallan antes o después de su punto de madurez ideal.	Mézclalas con cereales calientes o en smoothies. Molidas se pueden usar en tortitas y gofres, donde pueden sustituir a un cuarto de la harina. Se pueden añadir a aliños de ensalada para aportar un ligero sabor a nueces.	Una de las semillas con mayor concentración de ácidos grasos esenciales omega 3 y 6. También contienen cobre, manganeso, magnesio, fósforo, selenio, vitaminas del complejo B y fibra.	Beneficios antioxidantes, cardiovasculares y antiinflamatorios, facilitan la digestión, alivian los síntomas premenstruales y postmenopáusicos, y ayudan a mantener el equilibrio de los niveles hormonales.
QUINOA	De la familia de las quenopodiáceas, la misma a la que pertenece la espinaca, la acelga o la remolacha, toda la planta es comestible. Las semillas pueden ser blancas, rojas o negras, y presentar un aspecto translúcido una vez cocidas.	Excelentes en una dieta sin gluten, se pueden utilizar en productos horneados y como sustituto de la pasta. Una vez frías, se añaden a ensaladas o pueden ser una alternativa a los cereales del desayuno. También se añaden a sopas y guisos, y son muy buenas en tabulé.	Manganeso, cobre, fósforo, magnesio, zinc, folato y fibra. Ricas en proteínas.	Antiinflamatorias, antioxidantes y energéticas; el riesgo de alérgenos es muy bajo.
SÉSAMO	Planta cultivada por sus semillas diminutas, planas y ovales, de sabor a nueces y una delicada textura crujiente. Se pueden encontrar en muchos colores: blanco, amarillo, negro y rojo.	Añádelas a panes, muffins o galletas. Muy buenas sobre brócoli y otras verduras al vapor. Son básicas para elaborar tahini (véase p. 51), preparar aliños para ensalada y en muchos platos asiáticos.	Cobre, manganeso, calcio, magnesio, fósforo, hierro, zinc, molibdeno, selenio, vitaminas del complejo B y fibra.	Fortalece los huesos, ayuda a la salud vascular y respiratoria y reduce el nivel de colesterol LDL. Puede ayudar a prevenir la osteoporosis y reduce la migraña y los síntomas del síndrome premenstrual.
TRIGO SARRACENO	Tiene la forma parecida a un hayuco y características similares a las del trigo (pero sin los alérgenos). Las semillas tienen una forma triangular única y se encuentran en el ápice del tallo, de un modo similar a los cereales.	A menudo se sirven como alternativa al arroz y como harina sin gluten en recetas tales como tortitas, muffins y panes	Manganeso, cobre, magnesio, fósforo, vitaminas del complejo B, fibra soluble e insoluble.	Cardiovasculares, asociados a un descenso de los niveles de colesterol y de la tensión arterial. La fibra ayuda a disminuir el riesgo de diabetes y contribuye al control del azúcar en sangre. Puede ayudar a prevenir cálculos biliares.

Prepare sus semillas

Siembra y cultivo

No es preciso estar provisto de un material muy especializado o disponer de muchos metros cuadrados de espacio para cultivar sus propias semillas. Unas cuantas macetas en el alféizar de la cocina –y un poco de paciencia– es todo lo que necesita para empezar. El primer paso consiste en asignar un espacio en su casa, en el exterior en un balcón (preferiblemente lejos de cualquier contaminación ambiental, como los gases de escape) o en un invernadero, si tiene. Las semillas deben ser nutridas diariamente hasta que sean lo suficientemente resistentes como para soportar los elementos. El frío extremo, la lluvia y el viento pueden dañar las plantas tiernas en las primeras etapas de crecimiento; así pues, asegúrese de elegir un lugar protegido con una temperatura relativamente constante para esta fase inicial.

El contenedor adecuado

Los contenedores de terracota resultan ideales para cultivar plantas porque absorben y retienen la humedad, lo que ayuda a evitar que el suelo se seque entre riegos. De todos modos, puede emplear cualquier recipiente para sus semillas siempre que haya agujeros de drenaje en la base que permitan que salga el exceso de agua. Las raíces encharcadas dañarán o matarán su planta con tanta seguridad como el compost seco. Los centros de jardinería y los viveros le pueden proporcionar bandejas de semillas hechas de material compostable que le permitirán mover sus plántulas a contenedores más grandes sin que sufran alteraciones y sin dañar las raíces. Esto es especialmente importante en el caso de las semillas más delicadas, como la alfalfa, la adormidera y el sésamo. Como alternativa, siembre directamente en las mismas macetas en las que piensa cosechar su cultivo. Las semillas de cilantro y de hinojo, por ejemplo, suelen crecer muy rápidamente y florecen pronto si sus hojas no se recolectan con cierta regularidad. Si están plantadas en macetas individuales desde el principio, pueden madurar sin que se apoderen de todo el huerto o de la cocina.

Yo suelo sembrar directamente en los mismos contenedores en los que recolectaré, aunque también he sembrado muchos tipos nuevos de semillas en hueveras vacías, ya que aportan zonas individuales adecuadas, así como la sección plana más ancha de la tapa. Esto funciona bien durante las primeras semanas, hasta que ha crecido el primer brote, momento en el que se puede trasplantar a recipientes más grandes y llevarlo al exterior, siempre que el tiempo sea lo suficientemente suave. Las macetas y los contenedores se pueden cambiar de lugar para proteger las plantas del exceso de sol, de lluvia o de viento, y finalmente se pueden llevar a algún lugar adecuado una vez han madurado y están listas para la recolección.

No se olvide de etiquetar

Muchas veces he sembrado semillas y he esperado pacientemente a que aparecieran los primeros brotes… solo para darme cuenta de que no sé qué tipo de planta está brotando. Es muy tentador pensar que recordará qué plántula es cada cual, pero mi consejo es no tentar a la suerte: etiquete cada tipo de planta desde el principio.

Hay muchos tipos de etiquetas disponibles en centros de jardinería y ferreterías, o incluso puede hacer las suyas propias usando un rotulador permanente o pintura no tóxica y palos de helado, pinzas de la ropa, alfileres de madera, guijarros, fragmentos de porcelana o incluso macetas de terracota del revés.

Ubicación

Si cultiva semillas en el interior, póngalas en un sitio expuesto a la luz del sol y manténgalas apartadas de detergentes y espráis domésticos. Asegúrese de que crecen en una zona con aire fresco —como si estuvieran en el exterior— y no deje que el sustrato se seque, ya que se interrumpiría su crecimiento.

Cultive ecológicamente

Le animo a que cultive sus semillas de la manera más natural posible, por lo que debe asegurarse de que utiliza un compost orgánico y evita abonos o espráis sintéticos o químicamente mejorados. Todos los productos alimentarios, incluidas las semillas, se benefician de crecer en compost orgánico, no solo porque tiene un contenido nutritivo cuidadosamente equilibrado, sino también porque está libre de pesticidas, herbicidas, hormonas añadidas o sustancias químicas potencialmente dañinas. Recuerde que sus semillas están en el comienzo mismo de la vida y que cualquier medio en el que crezcan se convertirá en parte de ellas.

Cada vez hay más compañías de semillas que se enorgullecen de suministrar semillas originales, no modificadas genéticamente, que crecerán bien si se tienen en cuenta el agua, la luz solar y las variaciones estacionales en las que han evolucionado para florecer. Algunas sucumbirán ante condiciones climáticas adversas, plagas o enfermedades, pero estas pocas pérdidas se contrarrestan por el hecho de que ecológico significa trabajar con la naturaleza, no contra ella.

En una perspectiva más amplia, ningún sistema de cultivo hace más para reducir las emisiones de gases de efecto invernadero de la agricultura, ni protege los recursos naturales como el agua y los suelos saludables. Las granjas ecológicas son refugios de la vida silvestre y proporcionan un hogar para abejas, aves y mariposas, y —lo más importante aquí— la investigación publicada señala diferencias significativas entre los productos ecológicos y los no ecológicos. Verduras, frutas y cereales obtenidos ecológicamente pueden contener más del 60 % de antioxidantes extra frente a sus homólogos no ecológicos, así como concentraciones más bajas de pesticidas y toxinas, tales como el cadmio. Así pues, ¿qué prefiere cultivar, cosechar… y comer?

Remojo y germinación

Cuando una semilla seca se remoja en agua, las enzimas que contiene se activan para «cobrar vida» y comenzar el proceso de crecimiento. En la naturaleza esta activación puede ocurrir casi tan pronto como la semilla es expulsada de la planta progenitora, o puede que no ocurra en muchos años. Se han encontrado semillas muy viejas en yacimientos arqueológicos que se han podido activar con éxito tras un intervalo de centenares o incluso de miles de años, lo que ha permitido determinar a los científicos la naturaleza exacta de la vegetación de aquella época.

Las semillas han desarrollado compuestos protectores para asegurar que permanecerán intactas y conservarán su potencial independientemente de cómo se diseminen y cualesquiera que sean las condiciones a las que estarán sometidas mientras esperan empezar a crecer. Algunas semillas se diseminan gracias a que son ingeridas por aves y son depositadas después de viajar a través del intestino, mientras que otras tienen que sobrevivir a situaciones extremas de frío o calor, o de sequía o inundación. Los compuestos protectores que protegen las semillas se conocen como fitatos o ácido fítico. No tratadas, estas sustancias pueden provocar problemas digestivos a algunas personas, aunque remojarlas facilitará la degradación o la eliminación de ácido fítico en la mayoría de semillas.

Una vez rehidratadas las semillas (recuerde que la chía puede absorber hasta quince veces su propio peso), sus nutrientes serán mucho más biodisponibles en el intestino. Esto significa que su cuerpo podrá separar y absorber más fácilmente nutrientes específicos, tales como proteínas, fibra soluble e insoluble, y una gran variedad de vitaminas y minerales. Algunas semillas –como el lino y la chía– se descomponen para crear una textura gelatinosa cuando se sumergen, lo que puede ayudar a elaborar mousses, gelatinas y otras recetas que requieren consistencias más espesas (véase Gachas de semillas de chía, p. 84).

Germine sus semillas

Elija frascos de vidrio o tarros de cerámica o de porcelana, tanto los que están provistos de tapaderas que pueda perforar, como los que tienen un reborde, alrededor del cual pueda atar un paño de muselina (estopilla). Esto le permite enjuagar las semillas con agua fresca y sacar el exceso de agua sin perder ninguna de las semillas.

Llene el tarro con semillas hasta aproximadamente un tercio. Añada agua filtrada hasta el borde y deje las semillas en remojo toda la noche o como mínimo 12 horas para activar sus enzimas. Escurra completamente, vuelva a rellenar con agua y repita el proceso varias veces con agua fresca para empapar las semillas. Entonces estarán preparadas para iniciar el proceso de germinación. Yo sigo empapando y escurriendo mis semillas cada 12 horas, en especial cuando han empezado a germinar, lo que ayuda a mantenerlas tan frescas como sea posible.

Tras varias horas o incluso días, dependiendo del tamaño de las semillas y de la planta, empieza a crecer una diminuta raíz hacia abajo y se desarrolla un brote que busca luz y calor. Esta es la primera parte de la germinación, un proceso que ocurre de manera natural en presencia de agua, luz y aire. Los germinados son brotes ricos en proteínas. Al haber absorbido el agua que necesitan, buscan la luz del sol para activar su clorofila.

La clorofila, responsable de la pigmentación verde de las plantas, absorbe energía del sol y facilita la fotosíntesis. Se ha demostrado que tiene propiedades

antioxidantes, antiinflamatorias y curativas cuando se digiere. Ayuda a alcalinizar el cuerpo y a mantener la homeostasis (equilibrio celular), sobre todo en el hígado y los riñones, ambos órganos encargados de la desintoxicación. Las semillas germinadas, las frutas verdes y los vegetales son ricos en clorofila.

No se olvide de etiquetar sus cultivos. Incluya información como el tipo de semillas, cuándo las dejó en remojo y cuándo empezaron a germinar. Enjuagar los brotes en desarrollo evita que amarguen, se enrancien y se forme moho.

Abajo se citan ejemplos de tiempos de remojo y germinación, que demuestran que es un proceso bastante rápido que le puede servir para obtener sus propios superalimentos vivos. Las cifras son aproximadas, ya que dependerán de las condiciones que proporcione a los germinados e incluso variarán con la temperatura o la luz disponible.

SEMILLA	CANTIDAD	REMOJO	GERMINACIÓN	RENDIMIENTO
Girasol	1 taza	4 horas	12-24 horas	2 tazas
Calabaza	1 taza	4 horas	12-24 horas	1 ¾ tazas
Sésamo	1 taza	4 horas	6-12 horas	1 ½ tazas
T. sarraceno	1 taza	1-4 horas	12-24 horas	2 tazas
Quinoa	1 taza	3-6 horas	24 horas	3 tazas

Cosecha y recolección

Las semillas de una planta suelen estar completamente desarrolladas cuando la planta ha florecido y las flores han caído o han empezado a marchitarse. Durante el proceso de secado las semillas caerán o se liberarán de alguna forma para dar lugar a una nueva planta.

Los girasoles ilustran el ciclo de un modo espectacular. Una vez han florecido, las inflorescencias (llamadas capítulos) van girando para seguir al sol a lo largo del día hasta inclinarse hacia el suelo cuando el sol se ha puesto y proteger así las valiosas semillas de la lluvia o la humedad nocturna. Cuando el sol vuelve a salir a la mañana siguiente, el proceso se inicia de nuevo y el sol va madurando y secando las semillas hasta que estas estallan. En un campo de girasoles maduros, se oye como un disparo lejano cuando la cáscara de una semilla seca se abre y se libera del centro de la flor.

Los recolectores comerciales de semillas emplean maquinaria para cortar los capítulos y secarlos en cobertizos, y una vez secos los sacuden en una cinta transportadora. En casa puede imitar este proceso cortando las inflorescencias cuando las semillas han cambiado de color, y poniéndolas a secar en un lugar cubierto; cuando estén secas, golpee las inflorescencias sobre un bol de gran tamaño para recoger las semillas.

Las semillas de calabaza se tienen que sacar de la calabaza cuando esta ya esté madura para ser cocinada. Una vez abierta, sumérjala en agua para ayudar a liberar las semillas de la pulpa que las rodea. Las puede secar ligeramente en el horno antes de comerlas.

Si cultiva cilantro en casa, puede llegar a obtener más de una floración por temporada, ya que tiende a escaparse y crecer muy rápido. Para recuperar sus semillas, pequeñísimas, corte las flores cuando se estén secando y póngalas sobre papel de cocina en un plato hasta que se sequen completamente. Después solo tendrá que sacudirlas ligeramente para que las semillas se desprendan de los frutos.

No deje que las semillas se escapen

Independientemente de cuáles sean las semillas, deberá vigilar a menudo la planta o las flores, ya que estas pueden madurar en un periodo de tiempo muy corto y repartir las semillas en la tierra circundante antes de que las pueda recolectar. Esté especialmente atento en verano, cuando el clima cálido puede hacer madurar las semillas en un solo día.

Una vez recolectadas, guarde una parte de sus semillas en un sobre y guárdelas para replantarlas al año siguiente, y el resto consérvelo en botes herméticos de cocina. ¡No hay nada como cultivar las semillas de sus propias plantas por su sabor y su valor nutricional!

Secado, adquisición y almacenado

Seque sus semillas

Para conservar las semillas en óptimas condiciones, es importante secarlas bien antes de guardarlas en sobres. Idealmente deben dejarse secar al sol, pero si esto no es posible o resulta poco práctico, póngalas en boles pequeños y déjelas toda la noche en un lugar cálido, como por ejemplo delante de un radiador. También puede ponerlas 10-20 minutos en un horno que se esté enfriando pero compruebe que el horno esté apagado antes de meter las semillas, ya que solo tiene que eliminar el exceso de humedad, no tostarlas.

Adquiera sus semillas

Si no puede cultivar sus propias semillas y tiene que comprarlas, es importante investigar previamente para asegurarse de que encuentra las semillas más nutritivas disponibles. Compre variedades originales y de calidad de semillas ecológicas que no estén modificadas genéticamente. Elija siempre marcas reputadas que garanticen el origen de sus semillas.

Es buena idea buscar semillas sanas y de calidad en las tiendas locales de alimentos ecológicos. La clave es no comprar variedades cultivadas para los supermercados, producidas en masa, ya que pueden estar contaminadas con fertilizantes y herbicidas.

La despensa

Hay muchos productos que nunca pueden faltar en una buena despensa, y una colección de semillas bien etiquetadas y fechadas es uno de ellos. Sin embargo, dado que incluso las semillas secas pueden ser susceptibles al ataque de moho o de hongos si se dejan demasiado tiempo, es mejor que las guarde en la nevera si compra grandes cantidades.

Recuerde etiquetar todas las semillas con la fecha en la que fueron compradas para así poder renovar fácilmente el stock. Deje las semillas congeladas a temperatura ambiente antes de remojarlas e intentar germinarlas o sembrarlas.

Elija los recipientes con cuidado. Deben proteger las semillas del calor, la luz y el aire. Unos frascos de cerámica o de porcelana con tapas de diferentes colores o con etiquetas le ayudarán a distinguir las semillas a simple vista, o bien, si las guarda en la nevera, quizá le interese buscar unos tubos que ocupen el mínimo espacio y que pueda etiquetar y localizar fácilmente.

Aunque le parezcan atractivos, no guarde las semillas en recipientes abiertos o en bolsas de arpillera, ya que no se conservarán en las mejores condiciones y pueden atraer roedores y otras plagas.

Tostado

Me gustar disponer de mis propias semillas para usarlas en grandes cantidades, de modo que aunque solo necesite unas pocas para decorar o para añadir a un plato, no tengo que pensar en preparar una hornada específicamente para ello. Recuerde que ser previsor es la herramienta más eficiente que puede tener en su cocina: si hace de más, guarde las semillas sobrantes en la nevera o en la despensa y ya las tendrá para la próxima vez.

Sin embargo, al igual que ocurre con los frutos secos, los ácidos grasos esenciales (omega) de todas semillas son sensibles al calor, por lo que asegúrese de que no las calienta demasiado al cocinarlas. Debe hacer las diferentes semillas en hornadas separadas, ya que algunas se tuestan mucho más rápidamente que otras. Por ejemplo, es más fácil que se quemen las semillas pequeñas, como las de sésamo, que las de calabaza o las de quinoa.

Una vez haya tostado y enfriado las semillas, guárdelas en la nevera en frascos herméticos. Puede conservar la mayoría de semillas hasta un mes, por lo que es buena idea tener un espacio en la nevera reservado para ellas.

Tostado en el horno

El tostado en seco, es decir, calentarlas sin añadir aceite, mantiene las semillas frescas, acres y quebradizas, y por lo tanto, una vez frías, son adecuadas para ser picadas en un mortero con el fin de extraer de ellas los mejores sabores y aromas posibles. Es mejor preparar así todas las especias picantes, como cilantro, comino, hinojo, alcaravea, nigella y mostaza. El mejor método consiste en esparcir las semillas sobre una bandeja de horno forrada con papel sulfurizado y meterla en el horno

mientras se enfría. Si pone las semillas directamente en una bandeja de horno muy caliente puede quemar las variedades más delicadas y cogerán un sabor amargo.

Tostado en una sartén

Este método implica utilizar una sartén de base gruesa en vez del horno. Esto le permite remover las semillas en la sartén para asegurar un tostado homogéneo, a la vez que observa detenidamente su color. He comprobado que esta operación requiere toda la atención y es incompatible con hacer con otras tareas a la vez: ¡alguien sufrirá y es muy probable que sean las semillas!

La mayoría de semillas se tostarán con bastante rapidez y liberarán el aroma cuando empiecen a calentarse. Usar un fuego bajo o medio le permite conservar las grasas esenciales. La alcaravea, el hinojo, el comino, el cilantro y la nigella responden bien a este método. Las semillas de girasol, de sésamo, de adormidera y de calabaza también se pueden tostar y resultan deliciosas en ensaladas, pero hay que estar atento constantemente, ya que se pueden quemar con facilidad. En cambio, es mejor usar las semillas de chía, de cáñamo y de lino sin tostarlas, porque con muy poco calor se vuelven amargas y el contenido proteico puede verse afectado. Es mejor que las haga germinar.

Evite tostar las semillas en la parrilla porque el calor es demasiado intenso y se quemarán casi de inmediato. Si piensa añadir semillas a alimentos cocinados en la barbacoa, úselas (sobre todo las semillas blancas y negras de sésamo) como ingrediente de un marinado, ya que el aceite de oliva, el zumo de naranja o de limón y el resto de condimentos las protegerán de quemarse, al menos en parte.

Aperitivos, cremas
para untar, dips y bebidas

Mezclas de semillas

Una de las mejores formas de usar las semillas –sobre todo aquellas que ha cultivado y recolectado usted mismo– es crear sus propias semillas picadas. Atractivamente empaquetadas, también son un buen regalo para la familia y los amigos. Las semillas picadas son una maravillosa manera de condimentar comidas, ya que además aportan una gran provisión de nutrientes. Recuerde etiquetarlas y anotar la fecha y no las guarde cerca del horno o de otras zonas cálidas, ya que los aceites esenciales de las semillas se pueden ver alterados.

Dukkah

Originaria de Egipto, esta embriagadora mezcla de especias a base de semillas, combinadas con los frutos secos de su elección, supone uno de los acompañamientos culinarios más deliciosos. Cuando la pruebe por primera vez, se convertirá en una de sus habituales. Un consejo: conténgase; es tan deliciosa que quizá querrá añadirla a cualquier plato.

1 cucharada de almendras, peladas o con piel

1 cucharada de pistachos, sin cáscara

1 cucharada de semillas de sésamo (blancas y/o negras)

1 cucharadita de semillas de comino

1 cucharadita de semillas de cilantro

una pizca de sal gema o sal rosa del Himalaya

1 En un sartén antiadherente de base gruesa, tueste ligeramente y por separado los frutos secos y las semillas, hasta que se doren y empiecen a liberar sus aromas. Remueva las semillas continuamente para evitar que se quemen o se dañen los delicados aceites ricos en omega que contienen.

2 Vierta las semillas y los frutos secos en un mortero o en una batidora. Deje que se enfríen completamente antes de añadir la sal y pique los ingredientes. Tenga cuidado de no reducirlos a polvo: debe quedar una textura algo crujiente.

3 Guarde la picada en un envase hermético o en frascos reutilizables con tapas de rosca.

De izquierda a derecha: dukka, ras el hanut; picada de semillas omega tostadas

Ras el hanut

Cada familia tiene su propia versión de esta mezcla norteafricana, que es transmitida de generación en generación. El característico sabor de la cúrcuma se debe a los niveles elevados de curcumina que contiene. Diversos estudios han sugerido que la curcumina tiene potentes propiedades antiinflamatorias y puede ser particularmente útil en el contexto de problemas tales como la artritis reumatoide.

1 ½ cucharaditas de semillas de cilantro
¾ de cucharadita de semillas de comino
½ cucharadita de semillas de chile
1 ¼ cucharaditas de canela en polvo
1 cucharadita de paprika en polvo
½ cucharadita de cúrcuma en polvo
½ cucharadita de cardamomo en polvo
½ cucharadita de jengibre en polvo

1 Mezcle todos los ingredientes en un mortero y píquelos hasta que se liberen los aromas. Añada más cantidad de aquellas especias que más le gusten.

2 Consérvelas en un envase herméticamente cerrado y etiquételas con la fecha antes de guardarlas en un lugar fresco y oscuro.

También puede probar...

❖ Mézclelas con aceite de oliva virgen extra para crear un marinado o un aliño con el que podrá untar carnes, pescados y aves.

Mezcla de semillas omega tostadas

Siempre tengo una versión de esta picada preparada para añadir a cereales, yogur, gachas, huevos, galletas, tortitas y todo tipo de pescados con el fin de potenciar el sabor, la textura y el valor nutricional. Hágala en hornadas más grandes y congélelas para prolongar la vida de las grasas esenciales, asegurando así que dispondrá de picada en cualquier momento.

2 cucharadas de semillas de calabaza
2 cucharadas de semillas de girasol
2 cucharadas de semillas de lino
2 cucharadas de semillas de sésamo
una pizca generosa de sal marina
½ cucharadita de pimienta negra molida

1 Precaliente el horno al mínimo.

2 Cubra la bandeja del horno con papel sulfurizado y esparza por encima todas las semillas.

3 Hornéelas durante no más de 10-12 minutos. Sacuda la bandeja cuando hayan transcurrido 5 minutos para asegurar que todas las semillas se tuesten homogéneamente.

4 Apague el horno y deje dentro las semillas otros 5 minutos antes de retirarlas y pasarlas a un plato para que se enfríen.

5 Cuando estén completamente frías, condimente al gusto y conserve las semillas en un envase hermético.

Aceites y mantequillas

Hoy en día existen muchos métodos para extraer los aceites, algunos se emplean más con los frutos secos, mientras que otros son más adecuados para las semillas. En el caso de las semillas, el prensado en frío es el mejor método, ya que no daña los aceites esenciales ni los vuelve rancios, a diferencia de los métodos basados en el calor. El prensado en frío no utiliza un sistema de centrifugación, que tiende a calentar las semillas. El concepto «virgen extra» hace referencia al primer prensado de las semillas, como sucede con el aceite de oliva, y suele ser el más caro. Con él se obtiene un aceite puro e intenso, denso en sabores y nutrientes.

Las mantequillas de semillas son una importante fuente de ácidos grasos esenciales omega 3 y omega 6, sustancias que el cuerpo no puede fabricar. Ricas en proteínas vegetales y en vitaminas B, y prácticamente sin grasas saturadas (como las que contiene la mantequilla de cacahuete), son perfectas untadas en panes y galletas, y como dips para mojar vegetales crudos.

Quizá prefiera tostar ligeramente las semillas antes de elaborar una mantequilla con ellas, pero de nuevo recuerde hacerlo a fuego muy bajo, removiéndolas constantemente para evitar que las semillas se sobrecalienten o se quemen. Tostarlas aportará más sabor a nueces. Con semillas activadas (previamente empapadas) logrará un sabor más fresco e intenso.

Mantequilla de semillas de calabaza

300 g de semillas frescas de calabaza, preferiblemente remojadas con anterioridad 4-6 horas

150 ml de aceite de oliva virgen extra

una pizca de semillas de hinojo

2-3 ramitas de tomillo fresco

el zumo de ½ limón

una pizca de sal gema

1   Mezcle todos los ingredientes en una batidora o en un robot de cocina a la mínima potencia hasta lograr la consistencia deseada.

2   Retire la mantequilla inmediatamente de la batidora y guárdela en un envase hermético en la nevera.

Tahini (pasta de semillas de sésamo)

La tahini clásica se suele hacer con semillas tostadas de sésamo de las variedades claras o blancas. Si prefiere tostarlas usted mismo, evite hacerlo en exceso, ya que aportarán un sabor amargo a la pasta

300 g de semillas de sésamo
125 ml de agua tibia filtrada
3 dientes de ajos, pelados
el zumo y la ralladura de 1 limón sin encerar
una pizca generosa de sal marina
un manojo pequeño de hojas de perejil o de cilantro
aceite de oliva o de sésamo

1   Ponga todos los ingredientes excepto las hierbas en una batidora y bátalos a velocidad lenta hasta obtener una pasta homogénea. Sirva decorada con perejil o cilantro picados.

2   Guarde la tahini que no vaya a consumir de inmediato en un frasco con tapa de rosca. Añada una capa muy fina de aceite de oliva o de sésamo sobre la superficie para evitar que la pasta se oxide, y consérvela en la nevera.

De izquierda a derecha: mantequilla de semillas de calabaza; mantequilla de semillas de girasol; tahini (pasta de semillas de sésamo)

Mantequilla de semillas de girasol

Esta fresca, ligera y nutritiva mantequilla tiene una textura similar a la de una mantequilla de cacahuete suave.

300 g de semillas de girasol activadas o remojadas previamente
100 ml de aceite ecológico de girasol o de sésamo
2 cucharadas de cebollino picado muy fino
sal y pimienta negra al gusto

1   Ponga las semillas y el aceite en una batidora o en un robot de cocina, y bátalos hasta obtener una crema homogénea. Mientras bate, vaya añadiendo el cebollino poco a poco, reservando una parte para decorar. Salpimiente al gusto.

Sirva estas crackers salpicadas de semillas con queso, encurtidos y dips, o úntelas con humus. Las semillas variadas contienen una gran cantidad de nutrientes que se conservan muy bien dado el corto tiempo de cocción que sufren.

Crackers de cinco semillas

250 g de harina común

1 cucharadita de levadura química

½ cucharadita de sal marina

75 g de mantequilla sin sal, en dados

1 cucharadita de semillas de nigella

1 cucharadita de semillas de alcaravea

2 cucharadas de semillas de adormidera

1 cucharada de semillas de sésamo

1 cucharada de semillas de cáñamo

una pizca de copos de chile

pimienta negra recién molida

100 ml de agua helada

1 cucharada de aceite de oliva

Salen unas 30 crackers
Preparación: 20 minutos
Enfriamiento: 30 minutos
Cocción: 15 minutos

CONSEJO: *Para que queden más crujientes, cuando las crackers estén hechas, apague el horno, abra la puerta y déjelas dentro unos 10 minutos para que se enfríen gradualmente.*

1 Precaliente el horno a 190 °C. Forre dos bandejas de horno con papel sulfurizado.

2 Tamice la harina y la levadura química en un bol grande. Añada la sal y amase la mantequilla con los dedos hasta que la mezcla adquiera una textura de migas de pan.

3 Añada todas las semillas, el chile en copos y una pizca de pimienta negra.

4 Añada el agua y el aceite, y revuelva con un cuchillo de paleta hasta obtener una masa blanda que deje limpias las paredes del bol. Dé forma de bola a la masa, envuélvala en papel film y póngala a enfriar en la nevera unos 15 minutos.

5 Corte la masa en 2 porciones y extienda una de las porciones, dejándola tan fina como pueda, en un rectángulo sobre una superficie ligeramente enharinada. Córtela en pequeños rectángulos y páselos a una de las bandejas de horno forradas. Repita el mismo proceso con la otra porción de masa, pasando los rectángulos a la segunda bandeja.

6 Ponga las bandejas 15 minutos en la nevera para que se enfríen e introdúzcalas en el horno precalentado otros 15 minutos, hasta que las crackers se doren y queden crujientes.

7 Déjelas enfriar en una rejilla y guárdelas en un envase hermético. Se conservarán 4-5 días.

También puede probar...

❖ Cambie las semillas: ¿por qué no usar semillas de comino, chía o calabaza, o algunas semillas de cilantro machacadas?

❖ Añada a la masa un poco de queso parmesano finamente rallado o esparza un poco por encima de las crackers justo antes de hornearlas.

Sirva estas crujientes crackers de origen sueco con un dip o con un poco de queso ácido y chutney. ¿Quién necesita la versión comercial cuando esta alternativa mucho más deliciosa aporta los beneficios nutricionales de varias semillas y además es facilísima de hacer?

Knäckebröd con semillas

150 g de harina de centeno

100 g de harina de trigo integral, y algo más para enharinar

½ cucharadita de levadura química

1 cucharadita de sal marina

5 cucharadas de aceite de oliva

150 ml de agua

80 g de semillas de alcaravea, hinojo, nigella o adormidera (o una mezcla de todas ellas)

Salen 10-12 crackers
Preparación: 15 minutos
Cocción: 10-12 minutos

1 Precaliente el horno a 200 °C.

2 Ponga las harinas, la levadura química y la sal en un bol grande. Haga un hueco en el centro y vierta en él 4 cucharadas de aceite de oliva y el agua. Mezcle bien con un cuchillo de paleta hasta obtener una masa blanda, rascando la harina de las paredes del bol. Si está demasiado pegajosa, añada un poco más de harina, y si está demasiado seca, añada más agua.

3 Caliente algunas bandejas de horno en el horno precalentado.

4 Amase la mezcla con las manos sobre una superficie ligeramente enharinada. Cuando esté suave, extiéndala con un rodillo de cocina, píntela con el aceite de oliva sobrante y esparza las semillas por encima. Dóblela y pase el rodillo por encima. Amase ligeramente. Divida la masa en 10-12 trozos y extienda cada uno de los trozos hasta que tengan un grosor de unos 5 mm.

5 Saque las bandejas calientes del horno y disponga la masa en ellas. Haga hornadas de 10-12 minutos, hasta que estén crujientes.

6 Deje enfriar las crackers en una rejilla. Guárdelas en una lata o en otro envase hermético; se conservan hasta 5 días.

También puede probar...

❖ Añada algunas semillas de calabaza, de chía o de sésamo blanco o negro a la masa.

❖ Esparza sobre la masa extendida una pizca de escamas de sal antes de hornear y presiónelos ligeramente con el dorso de una cuchara metálica.

A la izquierda y abajo: *Barritas de fruta seca con semillas (véase p. 58); en el centro: Cuadrados de mantequilla de cacahuete y semillas de chía y sésamo (véase p. 59)*

Estas crujientes barritas, repletas de proteínas y de otros nutrientes vitales, son una sabrosa manera de alimentarse cuando no tenga tiempo de sentarse a comer. La temperatura relativamente baja del horno ayuda a conservar los aceites esenciales de las semillas.

Barritas de fruta seca con semillas

1 cucharada de semillas de calabaza

1 cucharada de semillas de girasol

1 cucharada de semillas de sésamo

1 cucharada de semillas de lino

300 g de copos de avena

80 g de nueces picadas

100 g de albaricoques secos, cortados

100 g de dátiles sin hueso, cortados

50 g de arándanos rojos secos

50 g de pasas

150 g de mantequilla, y algo más para engrasar

6 cucharadas de miel líquida

Salen 8 barritas
Preparación: 15 minutos
Cocción: 30-35 minutos

1 Precaliente el horno a 170 °C. Engrase con mantequilla un molde rectangular bajo de 30 × 20 cm y fórrelo con papel sulfurizado.

2 Mezcle todas las semillas en un bol pequeño.

3 Ponga los copos de avena, las nueces y las frutas secas en un bol grande.

4 Ponga la mantequilla y la miel en una sartén pequeña, y caliéntela a fuego lento, removiendo hasta que la mantequilla se funda con la miel. Vierta por encima la mezcla de avena y remueva bien. Agregue las semillas y siga removiendo hasta que todo quede bien mezclado. Si queda demasiado seco, añada un poco más de mantequilla derretida; si queda demasiado pegajoso, añada más avena.

5 Vierta la mezcla en el molde y alise la parte superior, presionando firmemente con el dorso de una cuchara metálica. Hornee 30-35 minutos en el horno precalentado, hasta que adquiera un color dorado.

6 Retire el molde del horno y déjelo enfriar ligeramente antes de cortar las barritas. Deje que se enfríe completamente, desmolde y guarde las barritas en un envase hermético.

También puede probar...

❖ Puede utilizar prácticamente cualquier fruto seco picado para hacer estas barritas: pacanas, avellanas, anacardos o almendras funcionan igual de bien.

Estos crujientes cuadrados suponen un sabroso aperitivo a cualquier hora del día. Llenos de antioxidantes, zinc, selenio y vitaminas A, C y E, son ideales como tentempié o incluso una alternativa a una comida para llevar. Asegúrese de usar mantequilla de cacahuete ecológica sin azúcar añadido.

Cuadrados de mantequilla de cacahucte y semillas de chía y sésamo

125 g de mantequilla

125 g de mantequilla de cacahuete

1 cucharada de miel líquida o de jarabe de agave

2 plátanos maduros, chafados

350 g de copos de avena

100 g de albaricoques secos, cortados

25 g de arándanos rojos secos

25 g de semillas de chía

25 g de semillas de sésamo

Salen 12 cuadrados
Preparación: 10 minutos
Cocción: 25-30 minutos

1. Precaliente el horno a 170 °C. Engrase con mantequilla un molde cuadrado bajo de 20 × 20 cm y fórrelo con papel sulfurizado.

2. Caliente la mantequilla, la mantequilla de cacahuete y la miel o el jarabe de agave a fuego lento hasta que las mantequillas se derritan.

3. Retire del fuego, incorpore los plátanos chafados, la avena, la fruta seca y las semillas hasta obtener una mezcla pegajosa.

4. Vierta la mezcla en el molde y alise la parte superior, presionando firmemente con el dorso de una cuchara metálica.

5. Hornee 25-30 minutos en el horno precalentado, hasta que adquiera un color dorado.

6. Retire el molde del horno y déjelo enfriar ligeramente antes de cortar los cuadrados. Deje que se enfríe completamente, desmolde y guarde los rectángulos en un envase hermético.

También puede probar...

❖ Experimente con otras semillas, como calabaza, girasol, lino o adormidera.

❖ Si quiere darse un capricho, añada unas pepitas de chocolate junto con las semillas o bien bañe con chocolate fundido los cuadrados y deje que se solidifique.

Estos crujientes rollitos rellenos de espinacas y feta son una variante del tradicional pastel griego de espinacas. Tómelos como entrante o como canapés en una fiesta, o sírvalos en una comida acompañados de una ensalada. El sésamo incrementa el contenido nutricional, aportando selenio, encargado de fortalecer el sistema inmunitario.

Rollitos de spanakopita

2 cucharadas de aceite de oliva

un manojo de cebolletas, en rodajas muy finas

2 dientes de ajo, machacados

350 g de espinacas

100 g de queso feta, desmenuzado

un puñado de eneldo, picado muy fino

125 g (15-20 láminas) de pasta filo

50 g de mantequilla

3 cucharadas de semillas blancas de sésamo

sal y pimienta negra recién molida

Salen unos 32 rollitos
Preparación: 35 minutos
Cocción: 20-25 minutos

1 Precaliente el horno a 180 °C. Forre 2 bandejas de horno con papel sulfurizado.

2 Caliente el aceite en una sartén a fuego lento y poche las cebolletas y el ajo durante 4-5 minutos, hasta que se ablanden.

3 Lave las espinacas y retire los tallos gruesos. Escúrralas y pase las hojas a una cacerola grande. Póngala a fuego medio, tápela y cueza las espinacas unos minutos, removiendo de vez en cuando, hasta que se vuelvan de color verde brillante. Escúrralas en un colador, presionando con un plato para eliminar cualquier exceso de agua.

4 Trocee las espinacas y póngalas en un bol junto con la mezcla de cebolleta, el queso feta y el eneldo. Salpimiente al gusto y mezcle bien.

5 Extienda las láminas de pasta filo sobre una superficie de trabajo limpia y corte cada una por la mitad en 2 rectángulos.

6 Derrita la mantequilla a fuego lento en una cacerola pequeña y pinte con ella cada uno de los rectángulos de pasta filo. Reparta un poco de relleno de espinacas a lo largo del lado largo del rectángulo, dejando un margen pequeño, y enróllelo presionando con fuerza. Disponga el rollito en la bandeja de horno con el lado de la unión hacia abajo. Repita el proceso con los rollitos restantes.

7 Píntelos ligeramente con la mantequilla derretida que ha sobrado y esparza por encima las semillas de sésamo. Hornee los rollitos unos 12-15 minutos en el horno precalentado hasta que estén dorados. Es mejor comerlos calientes.

Pesto con semillas de calabaza

Este aromático pesto resulta delicioso servido como dip con verduras crudas o con pasta o arroz hervidos. Ricas en ácidos omega, las semillas de calabaza ayudan a proteger las células del tejido nervioso del cerebro y favorecen el equilibrio hormonal, tanto masculino como femenino.

25 g de semillas de calabaza

2 cucharadas de piñones

25 g de semillas de anacardos

2 dientes de ajo, machacados

80 g de albahaca, con hojas y tallos

el zumo de 1 limón pequeño

125 ml de acetite de oliva

1 chile rojo, sin semillas y troceado

4 raciones
Preparación: 10 minutos
Cocción: 2 minutos

1   Ponga una sartén a fuego medio. Cuando esté caliente, añada los piñones y las semillas de calabaza, y tuéstelos ligeramente unos 2 minutos hasta que se oscurezcan ligeramente. Retire del fuego.

2   Ponga los piñones y las semillas de calabaza en una batidora o en un robot de cocina, junto con los anacardos, el ajo, la albahaca, el zumo de limón y la mayor parte del aceite de oliva. Bata hasta obtener una pasta homogénea. Añada gradualmente el aceite de oliva restante, hasta lograr la consistencia deseada: más espesa para el dip y más clara para la pasta.

3   Añada el chile picado. El pesto se conservará al menos una semana en la nevera guardado en un envase hermético.

Dip especiado de tahini y aguacate

En Oriente Medio, la tahini es muy usada para hacer humus y como salsa o potenciador del sabor. Es mejor preparar este delicioso dip a mano en un mortero para lograr una textura áspera y con tropezones.

1 cucharada de semillas de comino

2 dientes de ajo, picados

una pizca de escamas de sal marina

2 aguacates maduros

3 cucharadas de tahini

el zumo de 1 limón pequeño

2 cucharadas de aceite de oliva verde, y algo más para aliñar

unas ramitas de cilantro, picado

4-6 raciones
Preparación: 10 minutos
Cocción: 2 minutos

1   Caliente a fuego medio una sartén pequeña. Cuando esté caliente, añada las semillas de comino y tuéstelas, removiendo suavemente durante 1-2 minutos, hasta que liberen sus aromas y se hayan oscurecido ligeramente. Retírelas de la sartén.

2   Machaque el ajo, la sal marina y las semillas de comino, preferiblemente en un mortero.

3   Pele los aguacates y quíteles el hueso; después trocee la pulpa. Añádala al mortero y macháquelo todo junto.

4   Añada la tahini, el zumo de limón y el aceite de oliva, y mezcle bien. Incorpore el cilantro.

5   Pase el dip a un bol. Añada un chorrito de aceite de oliva y sirva de inmediato, o bien cúbralo con papel film y guárdelo en la nevera 1-2 horas hasta el momento de comer.

Arriba: Dip especiado de tahini y aguacate; centro a la izquierda: Pesto con semillas de calabaza; derecha: Crackers de cinco semillas (véase p. 53)

Crema para untar de pera cocida y chía

Crema para untar de pera cocida y chía

Es una manera rápida y sencilla de hacer una deliciosa y sabrosa crema para untar. La generosa capacidad de absorber líquidos que tienen las semillas de chía asegura que sus niveles de azúcar no se verán negativamente afectados por la glucosa y la fructosa presentes en la fruta cocida.

500 g de peras, peladas y troceadas sin el corazón

2 cucharadas de zumo de limón

una pizca de canela en polvo

una pizca de nuez moscada molida

2 cucharadas de miel líquida o de jarabe de agave

2 cucharadas de semillas de chía

Sale 1 tarro de 350 g
Preparación: 5 minutos
Cocción: 10 minutos
Reposo: 1 hora

1 Ponga en una cacerola las peras, el zumo de limón, las especias y la miel o el jarabe de agave, y cuézalas suavemente a fuego lento unos 10 minutos, removiendo de vez en cuando hasta que la pera se ablande.

2 Retire del fuego y añada las semillas de chía. Mezcle bien y deje reposar 1 hora, removiendo ocasionalmente, hasta que la mezcla espese.

3 Pase la mezcla fría a un tarro esterilizado y guárdela en la nevera. Consúmala antes de una semana. También puede congelar la mezcla hasta 3 meses.

Crema para untar de fresas y chía

En verano, cuando las fresas son baratas y abundantes, ¿qué tal si se hace con ellas una «mermelada cruda»? Es mucho más fácil y rápido que prepararla de la manera habitual con azúcar. Y también es más saludable. Úsela como crema para untar o como cobertura para acompañar un yogur.

450 g de fresas sin el rabillo

el zumo de 1 limón pequeño

2 cucharadas de jarabe de arce

2 cucharadas de semillas de chía

Sale 1 tarro de 350 g
Preparación: 5 minutos
Cocción: 10 minutos
Reposo: 1 hora

1 En una batidora, bata brevemente las fresas, reservando un puñado, y después páselas a un bol. Corte en trozos pequeños las fresas que ha guardado.

2 Añada el zumo de limón y el jarabe de arce al puré de fresas. Incorpore las semillas de chía y la fresa troceada, y mezcle bien.

3 Reserve durante 1 hora en un lugar fresco, removiendo cada 10-15 minutos, hasta que la mezcla espese.

4 Páselo a un frasco esterilizado y guárdelo en la nevera. Consúmala antes de 5 días. También puede congelar la mezcla hasta 2 meses.

Arriba: Bliss de arándanos y trigo sarraceno;
izquierda: Smoothie de nectarina y cardamomo

Desde la izquierda: Smoothie de nectarina y cardamomo; Smoothie de mango y semillas de chía; Bliss de arándanos y trigo sarraceno (véanse pp. 68-69)

Smoothies con semillas

Las proteínas y los ácidos grasos esenciales de las semillas utilizadas en estos smoothies pueden ayudar a regular los niveles de azúcar en sangre y aportan una fuente de energía adicional, además de un sabor y una textura deliciosos. Puede limitarse a añadir las semillas a sus smoothies, pero si tiene tiempo es mejor remojarlas primero al menos una hora (o incluso toda la noche en el caso de las semillas de chía) para activar sus enzimas. Así mejorará mucho el acceso a sus nutrientes. Le recomiendo que remoje las semillas de chía en tandas y que las guarde en la nevera hasta que las necesite. Cierre el envase o cúbralo con papel film para evitar que las semillas absorban sabores y aromas de otros productos.

Smoothie de nectarina y cardamomo

2 cucharaditas de semillas de girasol

2 vainas de cardamomo

200 ml de agua filtrada

80 g de almendras ecológicas molidas

2 nectarinas maduras, abiertas por la mitad y sin hueso

una pizca de canela en polvo (opcional)

1 ración
Preparación: 2 minutos
Remojo: toda la noche

1 Ponga las semillas de girasol y las vainas de cardamomo en la mitad del agua. Introduzca las almendras molidas en la otra mitad de agua y remueva. Deje ambas soluciones reposar toda la noche.

2 Cuele las semillas de girasol. Retire las semillas de cardamomo del interior de las vainas.

3 Ponga las semillas de girasol y de cardamomo, las nectarinas y el agua con almendras en una batidora, y bata a velocidad lenta hasta que quede completamente homogéneo.

4 Vierta en un vaso y espolvoree un poco de canela en polvo si así lo desea.

> **NOTA:** *Estos smoothies son bastante espesos; si prefiere que tengan una consistencia más clara, aumente la proporción de líquido.*

Smoothie de mango y semillas de chía

1 mango maduro, pelado y sin hueso

hojas de una ramita de menta fresca

el zumo de 1 limón o de 1 lima

1/3 de cucharadita de cúrcuma en polvo o 1 cucharadita de raíz de cúrcuma rallada

1 cucharada de semillas de chía empapadas

150 ml de leche de coco

1 ración
Preparación: 2 minutos
Remojo: de 1 hora a toda la noche

1 Ponga todos los ingredientes en una batidora y bata a velocidad tan lenta como pueda para no dañar los ácidos grasos esenciales de las semillas de chía.

2 Vierta en un vaso con hielo, si lo desea, y sirva de inmediato, o bien guárdelo en una botella hermética.

Si le ha sobrado trigo sarraceno de la cena, pruebe a hacer con él una tortilla para desayunar o añádalo a un smoothie para aprovechar sus proteínas y minerales. Para preparar 150 g de trigo sarraceno, hierva a fuego lento 75 g de grano en 300 ml de agua con una pizca de nuez moscada molida durante 15 minutos, retire del fuego y deje que se enfríe durante toda la noche. Este smoothie también puede ser un gran postre.

Bliss de arándanos y trigo sarraceno

200 g de arándanos, frescos o congelados

150 g de trigo sarraceno hervido

150 ml agua filtrada

el zumo de ½ limón o de ½ lima

una pizca de sal marina o del Himalaya o pimienta negra algo picada para resaltar el sabor de los arándanos

1 ración
Preparación: 2 minutos
Reposo: toda la noche

1 Ponga todos los ingredientes en la batidora y bata a velocidad muy lenta, añadiendo más agua filtrada si lo cree conveniente; tanto el trigo sarraceno como los arándanos tienen una textura gelatinosa una vez batidos.

Derecha: Smoothie de nectarina y cardamomo

Tisanas de semillas

Cualquiera de estas recetas de tisana se puede dejar enfriar, colar y poner en la nevera para servir con hielo picado como refrescante cóctel de verano. Decore con unas ramitas frescas de menta o con el rojo rubí de las semillas de granada.

Tisana de jengibre, limón y semillas de hinojo

Las semillas de hinojo tienen un sabor anisado y actúan como diurético natural, lo que resulta excelente para aliviar la retención de líquidos.

1 cucharadita de semillas de hinojo
la ralladura de ½ limón mediano sin encerar
un trozo de 1 cm de raíz fresca de jengibre, troceada
o rallada con la piel
500 ml de agua filtrada hirviendo

Salen 500 ml o 2 tazas

1 Ponga las semillas de hinojo, el limón y el jengibre en una tetera de porcelana suficientemente grande. Llénela de agua hirviendo y tápela.

2 Deje infusionar al menos 20 minutos antes servir a través de un colador de té.

> **¡CUIDADO!** *No beba más de 3 tazas al día si está tomando diuréticos.*

Tisana de semillas de adormidera tostadas

Las semillas de adormidera aportan un sabor y un aroma maravillosos a los frutos secos tostados, mientras que el té blanco es sutil y contiene antioxidantes y polifenoles que refuerzan el sistema inmunitario.

2-3 cucharaditas de semillas de adormidera
1 ½ cucharaditas de hojas de té blanco
500 ml de agua filtrada hirviendo

Salen 500 ml o 2 tazas

1 Ponga las semillas de adormidera en una sartén pequeña y tuéstelas hasta que empiecen a estallar, removiendo de vez en cuando.

2 Coloque las semillas tostadas y las hojas de té blanco en una tetera de porcelana suficientemente grande, y vierta el agua hirviendo. Tápela.

3 Deje infusionar al menos 20 minutos antes servir a través de un colador de té.

Tisana de cardamomo y anís estrellado

Las semillas de cardamomo y el anís estrellado se complementan entre sí pero ambos tienen un sabor muy potente. Ajuste las proporciones a su gusto. Esta tisana es excelente para reforzar el sistema inmunitario.

6 semillas de cardamomo sacadas de las vainas
2 estrellas de anís
500 ml de agua filtrada hirviendo

Salen 500 ml o 2 tazas

1 Ponga las semillas de cardamomo y el anís estrellado en una tetera suficientemente grande. Vierta el agua hirviendo y tápela.

2 Deje infusionar al menos 20 minutos antes servir a través de un colador de té.

¡CUIDADO! *Es una tisana excitante y no debería tomarla antes de ir a la cama.*

Desde la izquierda: Tisana de jengibre, limón y semillas de hinojo; Tisana de semillas de adormidera tostadas; Tisana de cardamomo y anís estrellado

Desayunos
y brunches

La gracia de este bol de avenas es que lo puede preparar la noche anterior y disfrutarlo a la mañana siguiente en casa o de camino al trabajo o a clase. Dejar en remojo la avena toda la noche hace que sea más fácil de digerir, ya que se degradan los fitatos que pueden irritar el intestino sensible: máxima nutrición con el mínimo esfuerzo. Nada puede resultar más sencillo.

Bol de frutas y avena

100 g de copos de avena

250 ml de leche

250 ml de yogur natural bajo en grasas

1 cucharada de semillas de chía

1 cucharada de semillas de girasol

1 cucharada de piñones

2 cucharadas de nueces picadas

2 cucharaditas de miel líquida

175 g de mezcla de fresas troceadas y frambuesas

2 raciones
Preparación: 10 minutos
Nevera: toda la noche

¡CUIDADO! *No se deje tentar por la avena instantánea. Se deshará demasiado y muy rápidamente, y quedará empalagosa y sin textura.*

1 Reparta la avena a partes iguales entre 2 frascos con tapón de rosca y vierta la leche por encima. Añada el yogur y las semillas de chía, y remueva.

2 En un bol, mezcle las semillas de girasol, los piñones y las nueces, y espárzalas por encima. Riegue con miel.

3 Añada la mezcla de fresas y frambuesas, y enrosque la tapa de los frascos. Si lo desea, también puede añadir las bayas justo antes de tomarlo.

4 Ponga los frascos en la nevera durante al menos 8 horas para que la avena absorba todo el líquido.

También puede probar...

❖ Si no tiene fruta fresca, puede hacer trampa y poner fruta congelada. Se descongelará en la nevera durante la noche y los jugos se filtrarán en la avena.

❖ En vez de yogur natural, use uno de coco, de vainilla o de frutas bajo en azúcar.

❖ Las semillas de lino y de calabaza, y los pistachos troceados pueden añadir una textura crujiente.

❖ Para dar un sabor adicional, añada un poco de ralladura de limón o de naranja, o un par de gotas de extracto de vainilla a la mezcla de avena y yogur. También ayuda una pizca de sal.

La granola casera sabe mucho mejor que las comerciales, y además es más sana. He servido la mía con ruibarbo rosa pero cualquier cosa funciona: fruta fresca o cocida, yogur o leche. La combinación de semillas de girasol y de calabaza aporta proteínas a los cereales del desayuno, ricos en hidratos de carbono, proporcionando energía de larga duración sin aumento en el nivel de azúcar en sangre.

Bol de granola de semillas con ruibarbo rosa

450 g de tallos tiernos de ruibarbo rosa, cortados

el zumo y la ralladura de 1 naranja grande

3 cucharadas de azúcar moreno

1 vaina de vainilla

4 cucharadas de yogur griego

leche al gusto

Granola de semillas:

2 cucharadas de aceite de coco

2 cucharadas de miel o de jarabe de arce

125 g de copos de avena

2 cucharadas de avellanas troceadas

2 cucharadas de almendras laminadas

25 g de semillas de girasol

25 g de semillas de calabaza

1 cucharada de semillas de cáñamo

una pizca de canela en polvo

4 raciones
Preparación: 15 minutos
Cocción: 35 minutos

NOTA: *Puede hacer la granola y guardarla hasta un mes en un envase hermético.*

1 Precaliente el horno a 170 °C.

2 Caliente en una cacerola a fuego lento el aceite de coco y la miel o el jarabe de arce, hasta que el aceite se funda.

3 Añada los copos de avena, los frutos secos, las semillas y la canela, y mezcle bien hasta que todo quede ligado. Retire del fuego.

4 Pase la mezcla de la granola a una bandeja de horno y extiéndala uniformemente.

5 Meta la granola en el horno precalentado durante 25-30 minutos, removiendo una o dos veces, hasta que quede dorada, crujiente y tostada. Retírela del horno y déjela enfriar.

6 Mientras la granola se está haciendo, prepare el ruibarbo. Corte los tallos en trozos de 2,5 cm y dispóngalos en una única capa en una cacerola. Esparza por encima el zumo y la ralladura de la naranja, así como el azúcar moreno.

7 Abra la vaina de vainilla a lo largo y retire las semillas. Añada al ruibarbo tanto la vaina de vainilla como las semillas.

8 Cubra el ruibarbo con una hoja de papel de aluminio y métalo en el horno precalentado unos 20 minutos hasta que quede tierno pero no blando: debe mantener su forma. Sáquelo del horno y déjelo enfriar. Retire la vaina de vainilla.

9 Con una cuchara, reparta la granola en 4 boles de vidrio y añada una cucharada de yogur y el ruibarbo frío por encima. Añada leche si lo desea.

También puede probar...

❖ Endulce la granola añadiendo arándanos secos, cerezas, pasas u orejones cortados en dados.

❖ Sustituya los frutos secos de la mezcla en función de lo que tenga en la despensa: pacanas, nueces o almendras picadas. Los piñones y el coco rallado también dan buenos resultados.

Estas tortitas ligeras para el desayuno son un clásico americano y disponen del toque saludable que aportan las semillas. Se preparan en pocos minutos y resultan un brunch perfecto para el fin de semana. Las semillas aportan ácidos grasos esenciales beneficiosos, así como proteínas y fibras que regulan el azúcar en sangre, y le proporcionarán energía durante horas.

Tortitas de cuatro semillas con aguacate y tomate asado

400 g de tomates cherry, cortados por la mitad

1 diente de ajo, picado

2 cucharadas de aceite de oliva

30 g de semillas de girasol

225 g de harina común

1 cucharadita de levadura química

½ cucharadita de bicarbonato de sodio

1 cucharadita de azúcar glas

2 huevos ecológicos grandes

300 ml de suero de mantequilla

2 cucharadas de mantequilla derretida

2 cucharadas de semillas de chía

1 cucharada de semillas de lino

1 cucharada de semillas de adormidera

una nuez pequeña de mantequilla sin sal, para freír

2 aguacates medianos, abiertos por la mitad, pelados y sin hueso

jarabe de arce para rociar (opcional)

sal y pimienta negra recién molida

4 raciones
Preparación: 15 minutos
Cocción: 30 minutos

1   Precaliente el horno a 200 °C.

2   Ponga los tomates en una bandeja de horno con el lado cortado hacia arriba. Esparza el ajo picado por encima y riéguelo todo con el aceite de oliva. Salpimiente. Hornéelos unos 10-15 minutos.

3   Caliente una sartén a fuego medio. Ponga las semillas de girasol evitando que se amontonen y tuéstelas 1-2 minutos, removiendo un poco hasta que se doren. Tenga cuidado de que no se peguen y se quemen. Páselas inmediatamente a un bol y déjelas enfriar.

4   Haga la masa de las tortitas: en un bol grande, mezcle la harina, la levadura química, el bicarbonato de sodio, el azúcar y una pizca de sal. Haga un hueco en el centro.

5   En un bol pequeño, bata los huevos y el suero de mantequilla, e incorpore la mantequilla derretida. Viértalo todo sobre la mezcla de harina y remueva. Añada todas las semillas, incluidas las semillas de girasol tostadas, y, con cuidado, remueva nuevamente. No mezcle demasiado.

6   Ponga una sartén de gran tamaño a fuego medio y cuando esté caliente derrita en ella un poco de mantequilla. Empiece a añadir la masa a cucharadas, una cucharada cada vez, dejando una separación entre cada una, de modo que al final tendrá varias tortitas pequeñas. Cocínelas unos 3 minutos hasta que empiecen a verse secas por arriba y estén doradas por debajo. Deles la vuelta y hágalas por el otro lado. Retírelas de la sartén y manténgalas calientes en el horno a baja temperatura, mientras hace las tortitas restantes de la misma manera.

7   Chafe los aguacates con un tenedor. La pulpa debe quedar bastante grumosa.

8   Sirva las tortitas calientes con el aguacate chafado y los tomates asados. Si lo desea, rocíe con un poco de jarabe de arce.

También puede probar...

❖ Sustituya el jarabe de arce por un poco miel y sirva las tortitas con unas crujientes lonchas de beicon.

❖ Para obtener un sabor más característico y una textura más densa, sustituya la mitad de la harina común por la misma cantidad de harina de maíz.

Muffins sorpresa de limón con semillas y Muffins de zanahoria con semillas (véanse pp. 82-83)

Al morder estos muffins, la sorpresa es la crema de limón que rezuma de dentro. Resultan deliciosos con unas bayas frescas y una cucharada de yogur griego. Las semillas de adormidera aportan ácidos grasos esenciales que contribuyen a la buena salud del pelo y de la piel.

Muffins sorpresa de limón con semillas

225 g de mantequilla, ablandada

225 g de azúcar superfino dorado

3 huevos ecológicos grandes

el zumo y la ralladura de 2 limones

250 g de harina común

3 cucharaditas de levadura química

¼ de cucharadita de sal

2 cucharadas de semillas de chía

3 cucharadas de semillas de adormidera

3 cucharadas de leche

12 cucharaditas de crema de limón inglesa

Salen 12 muffins
Preparación: 15 minutos
Cocción: 20-25 minutos

1   Precaliente el horno a 180 °C. Forre un molde para 12 muffins con cápsulas de papel.

2   Bata la mantequilla y el azúcar en una batidora o en un robot de cocina hasta que la mezcla quede ligera y esponjosa. Deberá batir unos 5 minutos.

3   Incorpore los huevos, batiendo de uno en uno, con ralladura de limón; no se preocupe si la mezcla se corta.

4   Tamice la harina, la levadura química y la sal sobre la mezcla, poco a poco, removiendo con cada adición. Incorpore las semillas y vierta la leche y el zumo de limón. Debe quedar una mezcla de consistencia similar a la de una crema doble. Si queda demasiado espesa, añada un poco más de leche; si queda clara, tamice una cucharada más de harina.

5   Reparta la mitad de la mezcla entre las 12 cápsulas de papel. Añada una cucharadita de crema de limón a cada una y cubra con la mezcla restante.

6   Introduzca en el horno precalentado unos 20-25 minutos, hasta que los muffins suban y se doren. Para comprobar si están hechos, pinche uno de ellos con un palillo; debe salir limpio. Deje los muffins unos minutos en los moldes antes de pasarlos a una rejilla para que se enfríen.

7   Guarde los muffins en un caja hermética. Se conservarán 2-3 días. También los puede congelar.

También puede probar...

❖   Use el zumo y la ralladura de una naranja en vez de los de un limón, y rellene los muffins con crema de naranja.

❖   Haga muffins con unas chispas de limón disolviendo un poco de azúcar en zumo de limón caliente, y pinte los muffins calientes con esta mezcla después de haberlos perforado varias veces con un palillo muy fino.

❖   Espolvoree los muffins con un poco de azúcar glas.

❖   En vez de añadir todas las semillas de adormidera a la mezcla, reserve 1-2 cucharaditas para espolvorear por encima de los muffins antes de hornearlos.

Si no se le había ocurrido comer muffins salados, ha llegado el momento de probarlos. El zinc y el hierro de las semillas de calabaza aportan energía y mejoran el sistema inmunitario.

Muffins de zanahoria con semillas

2 cucharadas de aceite de oliva

1 cebolla roja, picada

1 cucharadita de canela en polvo

¼ de cucharadita de nuez moscada molida

100 g de hojas de espinacas baby

2 cucharadas de eneldo picado

250 g de harina leudante

1 cucharadita de bicarbonato de sodio

una pizca generosa de sal

2 huevos ecológicos, batidos

225 g de yogur griego

100 g de queso cheddar curado rallado, y algo más para espolvorear

2 zanahorias grandes, ralladas

4 cucharadas de semillas de calabaza

2 cucharadas de piñones

Salen 12 muffins
Preparación: 10 minutos
Cocción: 30 minutos

1 Precaliente el horno a 180 °C. Forre un molde para 12 muffins con cápsulas de papel.

2 En una sartén, caliente el aceite de oliva a fuego medio, y poche la cebolla unos 6-8 minutos, hasta que se ablande. Incorpore las especias molidas y las espinacas, y cueza 1 minuto más hasta que las hojas adquieran un color verde intenso. Añada el eneldo y deje enfriar.

3 Tamice la harina, el bicarbonato de sodio y la sal en un bol grande.

4 Bata los huevos y el yogur juntos, y viértalos sobre la harina junto con la mezcla de espinacas y cebolla, una vez fría. Añada el queso rallado, la zanahoria, las semillas de calabaza y los piñones.

5 Reparta la mezcla entre las 12 cápsulas de papel y esparza un poco más de queso rallado. Introduzca en el horno precalentado unos 20 minutos, hasta que los muffins suban y se doren. Para comprobar si están hechos, pinche uno de ellos con un palillo; debe salir limpio.

6 Deje los muffins unos minutos en los moldes antes de pasarlos a una rejilla para que se enfríen. Es mejor comerlos calientes el mismo día pero puede guardarlos hasta dos días y recalentarlos.

También puede probar...

❖ Sustituya las espinacas por 2 calabacines rallados.

❖ En vez de queso cheddar, añada un poco de feta o de queso de cabra cremoso.

❖ Unas nueces o pacanas picadas, o incluso algunas tiras delgadas de pimientos rojos o amarillos resultan una adición deliciosa. Para lograr algo de dulzor, añada manzana rallada.

❖ Fría unas lonchas de beicon cortadas muy finas hasta que queden doradas y crujientes. Rómpalas a trocitos y añádalos a la mezcla de muffins.

CONSEJO: *Estos muffins se pueden congelar, por lo que haga una hornada y deje que se enfríen completamente antes de ponerlos en bolsas especiales para congelar. Los puede guardar en el congelador hasta un mes.*

Este es otro desayuno sencillo y saludable que se puede preparar en pocos minutos la tarde anterior. Al dejar las semillas de chía en remojo durante toda la noche, estas se hinchan y hacen que la leche de almendras espese, por lo que al día siguiente tendrá unas deliciosas «gachas». Además, las semillas de chía aportan un mayor contenido proteico que la avena tradicional.

Gachas con semillas de chía

1 plátano grande, chafado

4 cucharadas de semillas de chía

300 ml de leche de almendras sin azúcar

la ralladura de 1 naranja

2 cucharadas de yogur de coco

miel líquida para rociar (opcional)

Cobertura de frutos secos y semillas tostados:

2 cucharadas de almendras o pacanas picadas

2 cucharadas de semillas de lino, de cáñamo o de calabaza

2 cucharadas de arándanos rojos secos

2 cucharadas de bayas de goji secas

1 cucharada de coco en láminas

2 raciones
Preparación: 10 minutos
Cocción: 1-2 minutos
Nevera: toda la noche

1 Ponga en un bol el plátano chafado y las semillas de chía, y añada la leche de almendras. Remueva bien para que las semillas de chía queden homogéneamente distribuidas y no queden grumos.

2 Deje reposar 2-3 minutos e incorpore la ralladura de naranja. Las gachas ya deberían empezar a espesar. Tape el bol y déjelo enfriar en la nevera toda la noche.

3 Caliente una sartén pequeña a fuego medio. Cuando esté caliente, añada los frutos secos picados y las semillas, y tueste unos 2 minutos, removiendo puntualmente, hasta que desprendan sus aromas y estén dorados. Tenga cuidado de que no se quemen. Retire inmediatamente del fuego.

4 Mezcle los frutos secos y las semillas con los arándanos, las bayas de goji y el coco. Deje enfriar y páselo a un recipiente hermético.

5 A la mañana siguiente, la mezcla de gachas debería haber espesado hasta tener una consistencia similar a la tapioca. Repártala en 2 boles y añada una cucharada de yogur de coco a cada bol. Esparza por encima la mezcla de semillas y de frutos secos tostados. Si lo desea, añada un poco de miel.

También puede probar...

❖ Para la cobertura puede utilizar prácticamente cualquier combinación de frutos secos y semillas, tanto crudos como tostados. Pruebe de mezclar cerezas secas, pasas u orejones cortados.

❖ La fruta, tanto fresca como cocida, es un buen acompañamiento. Añada algunas bayas de temporada, o fruta fresca, como melocotones, ciruelas o claudias con un poco de azúcar o stevia (un edulcorante natural y un sustituto del azúcar derivado de las hojas de la stevia).

En México, las semillas se añaden a muchos platos tradicionales. Las semillas de chía han sido veneradas en América Central y del Sur por sus nutrientes energéticos.

Burritos con huevo revuelto y semillas de chía

2 cucharadas de aceite de oliva

1 cebolla roja pequeña, picada

1 chile rojo, picado

2 tomates, troceados

6 huevos ecológicos

2 cucharadas de semillas de chía

unas ramitas de cilantro fresco, picadas

un puñado de hojas de espinacas baby

sal y pimienta negra recién molida

Burritos:

200 g de harina leudante

2 cucharadas de semillas mezcladas
(por ejemplo, chía, adormidera, alcaravea, comino)

¼ de cucharadita de sal

150 ml de agua caliente

1 ½ cucharaditas de aceite de oliva virgen extra, más 1 cucharadita para freír

Guacamole:

½ cebolla roja, picada

1 chile verde fresco, picado

1 diente de ajo, machacado

2 aguacates maduros, abiertos por la mitad, pelados y sin hueso

el zumo de 1 lima

una ramita de cilantro, picado

1 tomate maduro, sin pepitas y en trozos pequeños

½ cucharadita de escamas de sal marina

2 raciones
Preparación: 25 minutos
Cocción: 20 minutos

1 Haga los burritos: mezcle la harina, las semillas y la sal en un bol grande. Mezcle el agua caliente y el aceite, y añádalo a la harina. Remueva hasta que los ingredientes se mezclen y forme una masa.

2 En una superficie enharinada, amase unos 2-3 minutos. Divídala la masa en 4 bolas, y extiéndalas individualmente. Cada tortilla debe tener un tamaño similar al de un plato. La masa bajará un poco mientras reposa.

3 En una sartén grande, caliente una cucharadita de aceite y cocine las tortillas 1 minuto por cada lado a fuego medio, hasta que empiecen a dorarse. Manténgalas calientes en el horno a baja temperatura.

4 Haga el guacamole: en un mortero, pique la cebolla roja, el chile y el ajo. Chafe la pulpa del aguacate con un tenedor y rocíe con el zumo de la lima. Añada el cilantro, la mezcla de cebolla y el tomate, y remueva bien. Salpimiente.

5 Caliente el aceite de oliva en una sartén antiadherente y poche la cebolla roja y el chile a fuego medio unos 8-10 minutos hasta que se ablanden. Añada los tomates y siga pochando otros 2-3 minutos.

6 Mientras tanto, bata los huevos con las semillas de chía y el cilantro. Salpimiente ligeramente.

7 Vierta la mezcla de huevo en la sartén y remueva con una cuchara de madera hasta que los huevos empiecen a cuajar. Reserve.

8 Unte cada tortilla caliente con guacamole y un poco de espinacas. Ponga encima el huevo revuelto y enrolle el burrito o dóblelo en forma de paquete. Sirva inmediatamente.

También puede probar...

❖ Si le gusta el picante, aliñe el relleno con unas gotas de salsa de chile picante antes de enrollar los burritos, o añada más chile picante al guacamole o a la mezcla de cebolla. ¡Los jalapeños aportarán un picante moderado, mientras que los habaneros subirán el nivel!

Este versátil plato puede tomarlo caliente como desayuno, brunch o comida ligera, o frío como tentempié en el trabajo. Para que resulte más económico, elija recortes de salmón ahumado en vez de comprar trozos enteros para cortar. Las semillas de hinojo aportan un delicioso sabor anisado.

Tortilla de salmón ahumado con semillas de hinojo

2 cucharadas de aceite de oliva

1 cebolla roja, picada muy fina

1 diente de ajo, machacado

1 zanahoria, cortada en dados

2 apios, cortados en dados

2 cucharadas de semillas de hinojo

8 huevos ecológicos

una ramita de eneldo, picada

200 g de salmón ahumado, cortado en tiras finas

sal y pimienta negra recién molida

4 raciones
Preparación: 10 minutos
Cocción: 20-25 minutos
Reposo: 5 minutos

1 Haga el sofrito: caliente el aceite a fuego lento o medio en una sartén antiadherente. Poche la cebolla, el ajo, la zanahoria y el apio unos 5 minutos, hasta que se ablanden, removiendo de vez en cuando. Incorpore las semillas de hinojo.

2 En un bol limpio, bata los huevos hasta que estén espumosos. Añada el eneldo, el salmón ahumado y un poco de sal y pimienta.

3 Vierta la mezcla con el huevo en la sartén con el sofrito. Baje el fuego al mínimo y deje cocer unos 10-15 minutos, hasta que el huevo cuaje y se dore por debajo y empiece a cuajar por arriba.

4 Mientras tanto, ponga a calentar el grill. Cuando esté bien caliente, ponga la sartén unos minutos debajo del grill hasta que quede esponjosa y apeteciblemente dorada por arriba.

5 Saque la tortilla de la sartén y pásela a una bandeja de servir. Déjela enfriar 5 minutos y corte las raciones. Sírvala tibia con ensalada.

También puede probar...

❖ Si quiere hacer una variante vegetariana, ponga en el sofrito 400 g de patatas hervidas y cortadas, en vez de salmón.

❖ Para obtener un sabor más intenso y cremoso, añada al huevo batido un par de cucharadas de mascarpone.

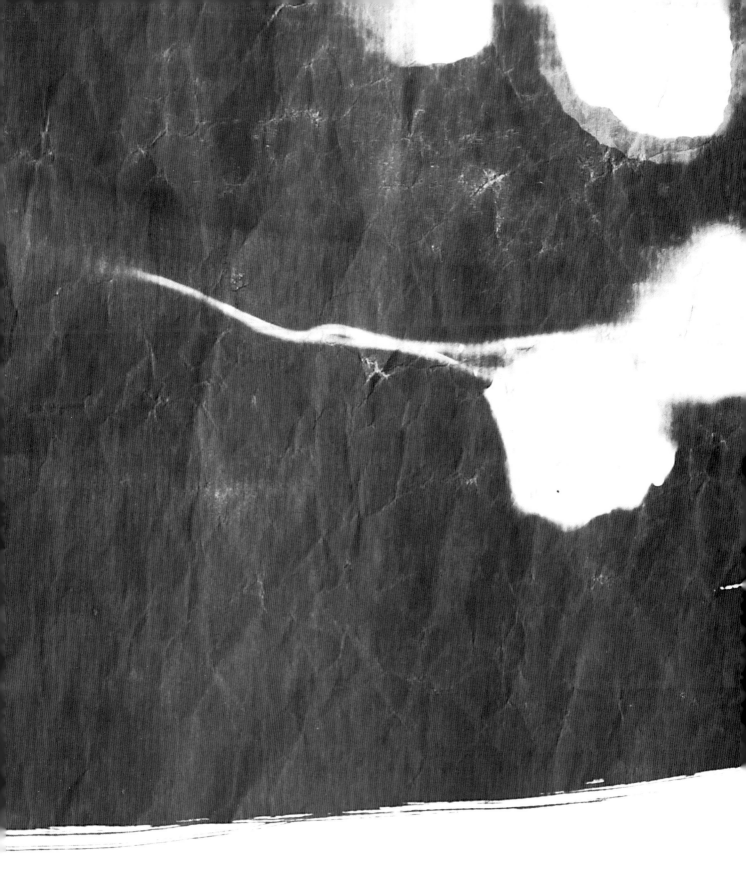

Ensaladas y platos crudos

Tradicionalmente, el tabulé se prepara con trigo bulgur, aunque con quinoa también queda muy bien. Al hervirla con caldo vegetal en vez de con agua se añaden multitud de sabores. Conocida como la «reina de las semillas» en el mundo de los superalimentos, la granada aporta mucha vitamina C, que refuerza el sistema inmunológico y contribuye a fortalecer la matriz del colágeno de la piel. ¡Una mascarilla facial en el plato!

Tabulé de quinoa verde con semillas de granada

150 g de quinoa

400 ml de caldo vegetal

60 g de pistachos sin cáscara

100 g de col rizada, troceada

100 g de hojas de espinacas baby, troceadas

60 g de rúcula, troceada

un puñado de cebolletas, troceadas

¼ de pepino, cortado en dados

un manojo pequeño de menta, picada

1 aguacate, pelado, sin hueso y cortado en dados

2 cucharadas de piñones

1 cucharadita de pimienta de Jamaica

las semillas de 1 granada

Aliño de sésamo al limón:

1 chile verde ojo de pájaro, cortado muy fino

1 diente de ajo, machacado

2 cucharaditas de semillas de sésamo blanco

½ cucharadita de escamas de sal marina

4 cucharadas de aceite de oliva

el zumo de 1 limón

4 raciones
Preparación: 20 minutos
Cocción: 15 minutos

1 Enjuague la quinoa en un colador bajo el grifo de agua fría. Lleve el caldo de verduras a ebullición en una cacerola grande y añada la quinoa. Baje el fuego, tape la cacerola y deje hervir la quinoa a fuego lento unos 12-15 minutos, hasta que quede blanda. Apague el fuego y déjela reposar 5 minutos en la cacerola. Escúrrala bien, sepárela con un tenedor y déjela enfriar.

2 Caliente una sartén antiadherente a fuego medio. Cuando esté caliente, añada los pistachos y tuéstelos 1-2 minutos, removiéndolos suavemente, hasta que estén dorados y desprendan su aroma. Compruebe que no se quemen. Sáquelos de la sartén y déjelos enfriar un poco antes de picarlos a trozos desiguales y no muy pequeños.

3 Haga el aliño: en un mortero machaque los chiles, el ajo, las semillas de sésamo y las escamas de sal marina. Lentamente incorpore el aceite sin dejar de mover la mano de mortero. Vierta el zumo de limón. Al final deberá quedar un aliño bien amalgamado.

4 Ponga en un bol la col, las espinacas, la rúcula, las cebolletas, el pepino y la menta. Mezcle bien. Añada el aguacate y los piñones, y espolvoree la pimienta de Jamaica. Incorpore los pistachos y la quinoa.

5 Remueva con cuidado y aliñe. Reparta el tabulé entre 4 platos. Añada las semillas de granada y sirva.

También puede probar...

❖ En vez de rúcula o de espinacas, añada al tabulé unos berros.

❖ Para lograr un sabor y un aroma diferentes, sustituya la menta por la misma cantidad de cilantro.

❖ Puede preparar un delicioso plato, e incluso con más semillas, añadiendo una cucharadita de semillas de nigella a la quinoa hervida.

Convierta una ensalada tradicional libanesa en algo especial elaborando usted mismo los panes planos: calientes resultan un gran aperitivo untados con humus o con mantequilla de semillas. Tanto las semillas de comino como las de cilantro aportan ácidos grasos esenciales palmítico y oleico, muy importantes para el equilibrio hormonal y la función neurológica, así como antioxidantes, que tienen propiedades antiinflamatorias.

Fattush con panes planos con semillas

300 g de tomates pera pequeños, abiertos por la mitad

6 cebolletas, cortadas muy finas

½ pepino, en dados

un manojo de rábanos, cortados en rodajas muy finas

2 lechugas pequeñas, cortadas

una ramita de menta, picada

una ramita de perejil, picada

las semillas de ½ granada (opcional)

Aliño de zumaque:

el zumo y la ralladura de 1 limón

5 cucharadas de aceite de oliva

1 diente de ajo, machacado

1 cucharada de zumaque

sal y pimienta negra molida

Panes planos con semillas:

200 g de harina panadera, y algo más para enharinar

½ cucharadita de escamas de sal marina

1 cucharada de semillas de comino, machacadas

1 cucharada de semillas de cilantro, machacadas

125 ml de agua tibia

1 cucharadita de azúcar superfino

5 g de levadura de acción rápida

1 cucharada de aceite de oliva, y algo más para pintar

4 raciones
Preparación: 45 minutos
Fermentación de la masa: 90 minutos
Cocción: 12-16 minutos

1 Haga los panes planos: en un bol grande, mezcle la harina, la sal y las semillas, y haga un hueco en el centro. En otro bol más pequeño mezcle el agua, el azúcar y la levadura. Deje reposar unos 10-15 minutos, hasta que la mezcla empiece a hacer espuma.

2 Añada la mezcla con la levadura y el aceite de oliva a la harina y remueva con las manos hasta obtener una masa blanda y pegajosa. Transfiera la masa a una superficie de trabajo ligeramente enharinada y trabájela hasta que la masa sea firme y elástica. Póngala en un bol untado con aceite y tápela con una paño de cocina. Déjela reposar unos 90 minutos en un lugar cálido, hasta que la masa doble su tamaño.

3 Vuelva a pasar la masa a una superficie ligeramente enharinada y dóblela repetidamente sobre sí misma usando los nudillos de sus manos hasta «sacar» todo el aire, y a continuación amásela brevemente sobre una superficie ligeramente enharinada antes de dividirla en 8 porciones del mismo tamaño. Extienda cada una de estas porciones hasta que tengan un grosor de unos 3 mm. Píntelas ligeramente con aceite de oliva.

4 Ponga una sartén a fuego medio y cocine en ella los panes planos unos 3-4 minutos, hasta que estén dorados por debajo. Deles la vuelta y dórelos por el otro lado. Retírelos de la sartén y déjelos enfriar en una rejilla.

5 Haga el aliño: mezcle todos los ingredientes en un bol pequeño o métalos en un frasco con tapa y agítelo con fuerza, hasta que queden bien ligados.

6 Ponga todas las verduras y hierbas de la ensalada en un bol para servir, y mezcle bien.

7 Tueste 4 panes planos hasta que queden crujientes y rómpalos en trozos pequeños. Añádalos a la ensalada, vierta el aliño y mezcle ligeramente. Corrija de sal, disperse por encima las semillas de granada (si quiere añadirlas) y sirva el fattush con los panes planos restantes.

También puede probar...

❖ Añada a la ensalada unas tiras de pimiento rojo o amarillo asado.

❖ Pruebe de añadir unas semillas de hinojo o unos copos de chile a la masa de pan.

Preparar un delicioso humus le llevará poco tiempo si recurre a los garbanzos envasados. Este plato es una gran manera de aumentar la ingesta de fibra, que ayuda al transporte del alimento a través del tracto digestivo.

Ensalada de remolacha y humus con semillas de cilantro

400 g de calabaza, sin semillas y cortada en dados

400 g de remolacha roja o amarilla, lavada y cortada en cuñas

3 cucharadas de aceite de oliva, y algo más para engrasar

una pizca generosa de canela en polvo

1 cucharadita de semillas de cilantro, picadas

80 g de hojas de espinacas baby, rúcula y berros

125 g de queso feta desmigajado

1 cucharada de vinagre de vino tinto

el zumo de 1 naranja

una pizca de paprika o de za'atar

sal y pimienta negra recién molida

Mezcla de semillas:

2 cucharadas de semillas de calabaza

2 cucharadas de semillas de girasol

1 cucharadita de semillas de sésamo negras

Humus con semillas de cilantro:

1 bote de 400 g de garbanzos

100 g de tahini

2 dientes de ajo, machacados

2 cucharaditas de semillas de cilantro, machacadas

el zumo 1 limón

unas ramitas de cilantro

4 raciones
Preparación: 20 minutos
Cocción: 30 minutos

1 Precaliente el horno a 200 °C.

2 Disponga la calabaza y la remolacha en una bandeja de horno y rocíelas con un poco de aceite de oliva. Espolvoree por encima la canela y las semillas de cilantro. Salpimiente. Áselas en el horno precalentado unos 25-30 minutos, hasta que las hortalizas estén blandas.

3 Mientras tanto haga el humus: escurra los garbanzos pero guarde parte del líquido. Póngalos en una batidora junto con el tahini, el ajo, las semillas de cilantro, el zumo de limón y el cilantro. Haga un puré espeso. No debe quedar demasiado suave ni cremoso. Si queda demasiado espeso, aclárelo con un poco del líquido de los garbanzos que había reservado. Pase el humus a un bol y resérvelo.

4 Caliente una sartén a fuego medio. Incorpore las semillas de calabaza y de girasol y tuéstelas 1-2 minutos, removiéndolas suavemente, hasta que se doren. Procure que no se quemen. Retírelas inmediatamente y mézclelas con las semillas de sésamo.

5 Ponga en un bol grande las hojas de ensalada, la calabaza y la remolacha asadas, y el queso feta. Prepare un aliño con el aceite de oliva, el vinagre y el zumo de naranja, y viértalo por encima de la ensalada.

6 Sirva la ensalada con el humus, decorado con poco de paprika o de za'atar y las semillas tostadas por encima.

También puede probar...

❖ Use boniato en vez de calabaza. Hornéelo con unas cuñas de cebolla o de berenjena.

❖ Haga un humus más cremoso añadiendo yogur griego desnatado hasta lograr la consistencia deseada.

Esta versátil ensalada se puede transformar fácilmente en un plato principal. Haga un buen uso de las atractivas hojas que nacen de los bulbos del hinojo: córtelas sobre la ensalada justo antes de servir.

Ensalada de humus e hinojo con semillas de granada

2 bulbos de hinojo, cortados muy finos

1 cucharada de aceite de oliva

400 g de remolacha amarilla cocida, en rodajas

un puñado de cebolletas, picadas muy finas

125 g de mezcla de germinados (por ejemplo, alfalfa, brócoli)

un puñado de menta, picado

un puñado de perejil, picado

225 g de feta, en dados

3-4 cucharadas de aliño de zumo de naranja y limón con semillas de adormidera (véase p. 121)

humus de semillas de cilantro (véase p. 97)

½ cucharadita de za'atar

las semillas de 1 granada

sal y pimienta negra recién molida

4 raciones
Preparación: 15 minutos
Cocción: 6 minutos

1 Rocíe las rodajas de hinojo con un poco de aceite de oliva y hágalas en una parrilla a fuego vivo o en una barbacoa unos 3 minutos por cada lado, hasta que se ablanden ligeramente y empiecen a chamuscarse.

2 Pase el hinojo a un bol junto con la remolacha, las cebolletas, el germinado, el queso feta y la menta y el perejil picados. Salpimiente, añada el aliño y remueva.

3 Coja 4 platos de servir y mánchelos generosamente de humus, trazando un círculo.

4 Ponga encima la mezcla de queso feta e hinojo. Finalmente, espolvoree el za'atar y añada las semillas de granada. Sirva cuando el hinojo aún esté caliente.

También puede probar...

❖ Use queso halloumi hecho a la parrilla en vez de feta o, si prefiere un plato más consistente, añada un poco de quinoa o trigo sarraceno germinado.

❖ Añada algunas rodajas de naranja o de melocotón si prefiere una ensalada más dulce y refrescante.

Para preparar esta nutritiva ensalada puede usar cualquier germinado. Los brotes de amaranto rojo resultan sensacionales: sus diminutas semillas germinan rápida y fácilmente en casa. Rica en proteínas vegetales, esta ensalada es una gran comida para llevar al trabajo o a clase, ya que las semillas siguen germinando si no se ponen en la nevera o en el congelador y aportan mucha energía.

Superensalada de germinados y semillas

225 g de hojas de col rizada, cortadas

2 cucharadas de semillas de calabaza

80 g de avellanas

1 calabacín, cortado en bastoncillos

2 zanahorias, ralladas o cortadas en tiras con un pelador

2 cebolletas, picadas

150 g de habas edamame, hervidas o congeladas y descongeladas

150 g de mezcla de germinados (amaranto, judías, alfalfa, brócoli, rábanos, guisantes)

una ramita de perejil, picado

100 g de queso azul desmigajado (roquefort, gorgonzola)

Aliño de semillas a la naranja:

4 cucharadas de aceite de oliva

2 cucharadas de vinagre de sidra

1 cucharada de jengibre rallado

1 diente de ajo, machacado

el zumo y la ralladura de 1 naranja

1 cucharadita de miel líquida o de melaza de granada

2 cucharadas de semillas de sésamo blancas

sal y pimienta negra recién molida

4 raciones
Preparación: 15 minutos
Cocción: 2 minutos

1 Escalde la col rizada poniéndola en una cacerola con agua hirviendo y sal. Téngala 30 segundos y escúrrala con un colador.

2 Tueste las semillas de calabaza y las avellanas en un sartén a fuego medio durante 1-2 minutos, removiendo suavemente, hasta que se doren. Retire del fuego y deje enfriar.

3 Ponga el calabacín, la zanahoria, la cebolleta, el edamame, los germinados y la col rizada aún caliente en bol grande. Añada el perejil y las semillas tostadas.

4 Mezcle bien todos los ingredientes del aliño y viértalo sobre la ensalada. Añada el queso azul desmigajado y remueva con cuidado. Sirva inmediatamente.

También puede probar...

❖ En vez de col rizada puede usar rúcula, espinacas, berros o brotes de guisantes. Corte un bulbo de hinojo en rodajas muy finas para lograr una textura más crujiente.

❖ Puede sustituir las avellanas por nueces, pacanas, anacardos, pistachos o almendras.

❖ Para hacer una ensalada más consistente, añada quinoa o trigo sarraceno.

Excelente fuente de vitaminas y minerales, la coliflor también es una buena elección si quiere reducir la ingesta de hidratos de carbono. El «cuscús» de coliflor es muy fácil de hacer: solo tiene que triturar la coliflor en un robot de cocina y calentarla con un poco de aceite aromatizado. Las diminutas semillas de mostaza negra aportan mucho selenio, que ayuda a regular el metabolismo y refuerza el sistema inmunitario.

Ensalada de «cuscús» de coliflor con calabaza asada y semillas

450 g de calabaza, pelada, sin semillas y cortada en dados grandes

2 cebollas rojas, cortadas en cuñas

4 cucharadas de aceite de oliva

3 cucharadas de semillas de calabaza

1 coliflor grande

2 dientes de ajo, machacados

1 cucharada de semillas de mostaza negra

una pizca de copos de chile picante

60 g de rúcula

60 g de tomates secados al sol, troceados

un puñado de cilantro, picado

el zumo de 1 limón

sal y pimienta negra recién molida

4 raciones
Preparación: 15 minutos
Cocción: 35 minutos

1 Precaliente el aceite a 180 °C.

2 Ponga la calabaza y las cuñas de cebolla en una bandeja de horno y rocíelas con 3 cucharadas de aceite de oliva. Salpimiente y ase las verduras 25-30 minutos, hasta que se ablanden.

3 Caliente un sartén a fuego medio y añada las semillas de calabaza. Tuéstelas 1-2 minutos, removiendo suavemente, hasta que estén doradas. Retírelas y resérvelas.

4 Corte la coliflor por la mitad y retire el tallo central. Córtela en trozos pequeños. Pase estos trozos a un robot de cocina y pulse el botón de encendido varias veces, hasta lograr la consistencia del cuscús.

5 Caliente el aceite restante en una sartén grande a fuego medio y fría 2 minutos el ajo y las semillas de mostaza. Añada los copos de chile y la coliflor, y déjelo en el fuego 3-5 minutos, removiendo bien, hasta que la coliflor esté caliente y crujiente.

6 Sírvalo en un bol junto con la rúcula, los tomates y el cilantro. Añada las hortalizas asadas y las semillas de calabaza tostadas, y remueva bien. Aliñe con el zumo de limón y sazone al gusto.

También puede probar...

❖ En vez de cilantro, que tiene un sabor muy característico, use menta o perejil.

❖ Pruebe a añadir pasas, piñones, limón en conserva, zumaque, semillas de comino y yogur para acercar el plato a la cocina de Oriente Medio.

❖ Añada unas judías o unos garbanzos, halloumi, tofu o pollo asado, y tendrá un plato muy consistente.

Aproveche al máximo las nuevas verduras de primavera consumiéndolas crudas en una saludable y refrescante ensalada de col. Limpiará el cuerpo. Las grasas esenciales de las semillas de la nigella, de la mostaza y del hinojo son beneficiosas para controlar el peso y la salud del corazón y del cerebro.

Ensalada de col con pomelo y mezcla de semillas

½ col blanca pequeña, sin el tallo y en trozos muy pequeños

una col de primavera (variedad Spring greens), troceada

un manojo de cebolletas, picadas muy finas

1 bulbo de hinojo, cortado muy fino

1 cucharada de semillas de hinojo

1 cucharada de semillas de mostaza negra

1 cucharada de semillas de nigella

1 cucharada de piñones

2 pomelos rojos

3 cucharadas de aceite de oliva

1 cucharada de vinagre de sidra

un puñado de menta, picada

unas hojas de albahaca, cortadas

4 raciones
Preparación: 15 minutos
Cocción: 2 minutos

1 Ponga la col blanca, la col de primavera, las cebolletas y el hinojo en un bol grande.

2 En una sartén a fuego medio, tueste las semillas y los piñones durante 1-2 minutos, removiendo suavemente, hasta que empiecen a desprender su aroma. Procure que no se quemen. Retire del fuego y deje enfriar.

3 Quite la piel y la capa blanca interna de un pomelo. Separe los gajos, rompiendo las membranas, y añádalos a las verduras.

4 Exprima el otro pomelo en un bol pequeño y añada el aceite de oliva y el vinagre de sidra. Vierta el aliño sobre la ensalada, añada las semillas, la menta y la albahaca, y remueva bien.

También puede probar...

❖ En vez del aliño cítrico, mezcle un poco de mayonesa y crema de rábano picante. Suavícelo con un poco de yogur natural bajo en grasa.

❖ Si encuentra el aliño demasiado intenso, añada una cucharadita de miel líquida.

❖ Añada unos espárragos trigueros laminados, o bien unas hojas de rúcula o unos tirabeques cortados.

Con un cremoso aliño, esta ensalada de col resulta un plato muy versátil. Sírvala con pollo asado frío, jamón, salchichas o pavo que hayan sobrado del día anterior. También es un gran acompañamiento para unas patatas hechas al horno. Las semillas de fenogreco son una buena fuente de vitaminas del grupo B, necesarias para la producción de energía, y de folato, esencial durante el embarazo. Junto con las semillas de comino y de mostaza, fortalecen el sistema inmunitario.

Ensalada de col lombarda con fenogreco, mostaza y comino

60 g de pistachos sin cáscara

1 col lombarda pequeña, cortada muy fina

1 cebolla roja pequeña, en rodajas finas

2 zanahorias, ralladas

6 dátiles, cortados en trozos

un puñado de perejil, picado

un puñado de cilantro, picado

el zumo de 1 naranja

una pizca generosa de canela en polvo

Aliño de yogur con semillas:

2 cucharadas de aceite de oliva

2 chiles rojos, sin semillas y cortados

un trozo de 2,5 cm de raíz fresca de jengibre, pelada y cortada

1 cucharadita de semillas de comino

1 cucharadita de semillas de mostaza negra

¼ de cucharadita de semillas de fenogreco

150 g de yogur griego desnatado

sal y pimienta negra recién molida

4-6 raciones
Preparación: 20 minutos
Cocción: 5 minutos

1 Caliente una sartén pequeña a fuego medio y tueste los pistachos durante 1-2 minutos, removiéndolos suavemente, hasta que estén dorados. Retírelos de la sartén y déjelos enfriar.

2 Ponga la col lombarda, la cebolla roja, la zanahoria, los dátiles y las hierbas en un bol de servir. Espolvoree la canela y riegue con el zumo de naranja.

3 Prepare el aliño: en una sartén, caliente a fuego lento el aceite y añada los chiles y el jengibre. Transcurridos 2-3 minutos, añada las semillas y déjelas 1-2 minutos más, hasta que empiecen a liberar sus aromas. Retire del fuego y añada el yogur. Salpimiente al gusto.

4 Vierta el aliño sobre la ensalada y remueva con cuidado. Esparza los pistachos tostados por encima y sirva.

También puede probar...

❖ Añada rodajas de una naranja jugosa o unos gajos de clementina, o incluso un mango troceado. Para dar un colorido toque final, añada unas semillas de granada.

❖ Use zumo de limón en vez de zumo de naranja si prefiere un sabor más ácido.

El característico sabor terroso y a nueces del trigo sarraceno aporta intensidad a esta colorida ensalada. Y las vitaminas B que contiene contribuyen a la producción de energía a nivel celular, dándole la energía necesaria para pasar el día.

Ensalada de trigo sarraceno, brócoli y germinados

100 g de trigo sarraceno tostado (kasha)

400 g de bimi (un híbrido de brócoli y una col oriental), cada tallo cortado por la mitad a lo largo

2 cucharadas de semillas de girasol

2 cucharadas de semillas de sésamo

80 g de tomates secados al sol conservados en aceite de oliva

125 g de mezcla de germinados (por ejemplo, alfalfa, brócoli, rábanos)

1 aguacate, pelado, sin hueso y cortado fino

1 vinagreta de miel y sésamo tostado (véase p. 121)

150 g de queso de cabra cremoso, cortado en trozos

una pizca de copos de chile

un manojo pequeño de cebollino, cortado

sal y pimienta negra recién molida

4 raciones
Preparación: 15 minutos
Cocción: 10 minutos

1 Cueza el trigo sarraceno: ponga 150 ml de agua fría en una cacerola pequeña y llévela a ebullición. Baje el fuego hasta que apenas hierva y añada el trigo sarraceno. Remueva, tape la cacerola y deje hervir 6-8 minutos, removiendo de vez en cuando, hasta que el trigo sarraceno esté tierno pero no blando. Procure no pasarse de cocción. Déjelo reposar tapado 2-3 minutos, extiéndalo en una bandeja de horno y déjelo enfriar.

2 Haga el bimi al vapor durante 5 minutos, hasta que esté tierno pero aún conserve una textura crujiente al morder.

3 En una sartén a fuego medio, tueste las semillas de girasol y de sésamo durante 1-2 minutos, removiéndolas suavemente, hasta que estén doradas. Retírelas y déjelas enfriar.

4 Escurra los tomates secados al sol y córtelos en trozos pequeños. En un bol, mezcle el tomate troceado, el germinado, el aguacate, el trigo sarraceno y el bimi caliente. Añada el aliño, remueva con cuidado y salpimiente al gusto.

5 Reparta la ensalada entre 4 platos y decore con el queso de cabra. Esparza por encima los copos de chile, el cebollino y las semillas tostadas, y sirva.

También puede probar...

❖ Añada a la ensalada unas hojas de espinacas baby o de rúcula.

❖ Use semillas tostadas de calabaza o de hinojo y pruebe aliños diferentes: el aliño de semillas de cilantro, limón y chile (véase p. 120) funciona muy bien, sobre todo si añade cilantro fresco picado a la ensalada.

Hay una enorme cantidad de semillas en este cuscús e incluso las gambas están cubiertas con semillas picadas. Es un ejemplo perfecto sobre cómo añadir semillas a un plato de cereales puede conducir a un equilibrio entre hidratos de carbono y proteínas. La fibra ayuda a equilibrar los niveles de azúcar en sangre, reduciendo la necesidad de picar durante el día.

Cuscús con gambas especiadas

175 g de cuscús

350 ml de caldo vegetal caliente

3 cucharadas de aceite de oliva

80 g de anacardos

60 g de pasas

400 g de gambas crudas, peladas

3 cucharadas de semillas de calabaza

un puñado de perejil, picado

una ramita de menta, picada

el zumo de 2 limas

las semillas de 1 granada

harissa, para servir (opcional)

labneh, para servir (opcional)

sal y pimienta negra recién molida

Pasta especiada:

1 cucharadita de semillas de cilantro

1 cucharadita de semillas de comino

2 dientes de ajo

1 chile rojo, picado

2-3 cucharadas de yogur griego

4 raciones
Preparación: 20 minutos
Reposo: 15 minutos
Cocción: 5 minutos

1 Ponga el cuscús en un bol grande y vierta por encima el caldo vegetal. Añada el aceite de oliva, tape el bol y deje reposar 12-15 minutos, hasta que los granos de cuscús absorban el líquido y se hinchen.

2 Mientras tanto, tueste los anacardos en un sartén a fuego medio unos 2 minutos, removiéndolos, hasta que estén dorados. Retírelos del fuego.

3 Ponga las pasas en un bol y vierta un poco de agua hirviendo por encima. Déjelas en remojo 5-10 minutos, hasta que se hinchen y se ablanden. Escúrralas bien.

4 Haga la pasta especiada: pique en un mortero las semillas de cilantro y de comino. Añada el ajo y el chile, y siga picando hasta obtener una pasta. Pásela a un bol e incorpore el yogur. Añada las gambas y cúbralas ligeramente con la mezcla. Si lo desea, puede hacerlo antes y dejarlas marinar unas horas en la nevera.

5 Mezcle los anacardos, las pasas, las semillas de calabaza y la mayor parte de las hierbas (reserve una pequeña porción para decorar el plato) con el cuscús para que se distribuya todo homogéneamente. Vierta el zumo de lima y las semillas de granada, y salpimiente al gusto.

6 Caliente una parrilla antiadherente a fuego medio y cuando esté bien caliente ponga las gambas. Fríalas unos 2 minutos por cada lado, hasta que se pongan rosadas. No las haga demasiado, ya que perderán su consistencia jugosa.

7 Reparta el cuscús entre 4 platos y ponga encima las gambas. Espolvoree el perejil y la menta picados que había reservado, y sirva inmediatamente con una pizca de harissa picante si lo desea. El labneh también es un buen acompañante.

También puede probar...

❖ Los vegetarianos pueden sustituir las gambas por halloumi o tofu asados, o bien esparcir un poco de queso desmigajado.

❖ En vez de gambas, sirva el plato con pollo o con cordero asados y desmenuzados. Puede cubrirlos con la misma pasta especiada.

Los germinados y las semillas de sésamo negro quedan muy bien en esta ensalada, que combina proteínas, hidratos de carbono, vitaminas y minerales de una manera extraordinaria y deliciosa. Puede comprar aceite de sésamo tostado en la mayoría de supermercados: es más oscuro, de sabor más intenso y más aromático que el aceite de sésamo normal.

Ensalada japonesa de arroz integral con atún a la plancha

225 g de arroz integral

125 g de edamame congelado

150 g de germinados (por ejemplo, mizuna, soja verde, rábano)

4 cebolletas, cortadas en diagonal

aceite de oliva para pintar

4 filetes de 100 g de atún

1 hoja de alga nori, cortada en trozos pequeños

2 cucharadas de semillas de sésamo blancas o negras, tostadas

Para el aliño:

2 cucharadas de aceite de girasol

2 cucharadas de aceite de sésamo tostado

1 cucharada de pasta miso

1 cucharada de vinagre de arroz

1 cucharada de mirin

el zumo de ½ lima

1 diente de ajo, machacado

2 cucharaditas de raíz fresca de jengibre, rallada

1 cucharadita de miel líquida

4 raciones
Preparación: 15 minutos
Cocción: 20 minutos

1 Cueza el arroz integral siguiendo las instrucciones del envase. Retírelo de la cazuela y déjelo enfriar en un bol.

2 Ponga el edamame en una cacerola con agua hirviendo y deje hervir 3 minutos. Escurra y enfríe bajo el grifo con agua fría. Escurra de nuevo y reserve.

3 Haga el aliño: mezcle bien todos los ingredientes en un bol o póngalos en un frasco con tapón y agítelo vigorosamente.

4 Con la ayuda de un tenedor, remueva suavemente el arroz para disgregar cualquier grumo que se haya formado y separar bien los granos. Incorpore el edamame, el germinado y la cebolleta. Vierta por encima la mayor parte del aliño y remueva con cuidado.

5 Pinte con aceite una sartén antiadherente y póngala a fuego medio o vivo. Cuando esté caliente, añada los filetes de atún y dórelos 2-3 minutos por cada lado, dependiendo de lo cocido que quiera que quede el pescado. Desmenuce los filetes.

6 Reparta la ensalada de arroz entre 4 platos. Ponga encima los trozos de atún y rocíe con el aliño que ha reservado. Esparza los trozos de nori y las semillas de sésamo, y sirva inmediatamente. Unas judías verdes o bimi al vapor también combinan muy bien en este plato.

También puede probar...

❖ Cubra los filetes de atún con semillas de sésamo antes de freírlos en una mezcla de aceite de sésamo y de girasol.

❖ Sustituya el atún por tofu o pollo asado.

❖ Para hacer una ensalada de arroz algo diferente, añada aguacate cortado, rábanos, pimiento rojo o amarillo, soja o cilantro picado.

Hay una gran abundancia de semillas en esta ensalada tibia, especialmente buena cuando quiere comer algo refrescante y ligero un frío día de invierno. La col rizada está repleta de nutrientes, sobre todo de antioxidantes que contrarrestan el daño de los radicales libres.

Ensalada de zanahoria y col rizada con prosciutto crujiente

3 zanahorias, peladas y cortadas en bastoncitos

3 cucharadas de aceite de oliva

1 cucharadita de semillas de cilantro picadas

60 g de una mezcla de semillas de girasol y de lino

300 g de col rizada, sin los tallos y troceada

8 lonchas finas de prosciutto

100 g de queso taleggio, cortado en dados

2 peras, peladas y troceadas

4 cucharaditas de vinagre balsámico

1 cucharada de semillas de sésamo negras

sal y pimienta negra recién molida

4 raciones
Preparación: 10 minutos
Cocción: 20-22 minutos

1 Precaliente el horno a 190 °C.

2 Ponga la zanahoria en una fuente apta para hornear y eche por encima el aceite y las semillas de cilantro. Salpimiente ligeramente.

3 Hornee la zanahoria en el horno precalentado unos 6-8 minutos. Esparza por encima la mezcla de semillas y siga horneando otros 4 minutos.

4 Añada la col rizada y remueva bien para empapar la verdura con el aceite de semillas. Deje la fuente en el horno otros 10 minutos, hasta que la zanahoria quede tierna y la col esté crujiente.

5 Mientras tanto, caliente una sartén grande a fuego medio. Cuando esté bien caliente, añada el prosciutto y hágalo 1-2 minutos sin aceite, hasta que esté crujiente y dorado. Retírelo inmediatamente y séquelo con papel de cocina.

6 Mezcle las verduras asadas con los trozos de taleggio y reparta entre 4 platos de servir. Añada las peras troceadas y el prosciutto, y aliñe con vinagre balsámico. Esparza una semillas de sésamo negras y sirva caliente.

También puede probar...

❖ Para lograr un sabor más intenso, use semillas de comino en vez de semillas de cilantro. Y añada a la col rizada ralladura de limón y chile rojo picado o chile en copos.

❖ Si le gusta el ajo, machaque 1-2 dientes de ajo y métalo entre la zanahoria.

Esta refrescante y especiada ensalada es una gran manera de aprovechar el pollo o el pavo sobrante. Sienta bien en cualquier época del año y combina germinados y semillas tostadas para lograr el máximo efecto, tanto en términos de nutrición como de sabor.

Ensalada de pollo bang bang al estilo de Sichuan con semillas

100 g de hojas de pak choi (col china), troceadas

2 zanahorias, cortadas en tiras finas con un pelador de patatas

½ pepino, abierto por la mitad, sin semillas y cortado en tiras

4 cebolletas, cortadas en tiras, y algo más para decorar

150 g de mezcla de germinados (por ejemplo, judías mungo, brócoli, alfalfa, girasol)

un manojo pequeño de cilantro, picado

450 g de pechuga de pollo cocida, sin piel y cortada en trozos

1 chile rojo, sin semillas y picado (opcional)

2 cucharadas de semillas de sésamo blancas tostadas

cuñas de lima, para decorar

Aliño bang bang:

100 g de mantequilla de cacahuete crujiente

1 chile rojo suave, sin semillas y picado

1 diente de ajo, machacado

½ cucharadita de jengibre rallado

1 cucharada de salsa de soja

1 cucharada de vinagre de vino de arroz

1 cucharada de aceite de sésamo

1 cucharada de miel líquida

4-5 cucharadas de agua o de caldo de pollo

4 raciones
Preparación: 20 minutos

1 Haga el aliño: mezcle en un bol la mantequilla de cacahuete, el chile, el ajo y el jengibre. Añada la salsa de soja, el vinagre, el aceite de sésamo y la miel. La mezcla debe quedar bastante espesa. Aclárela con el agua o el caldo de pollo, añadiendo de cucharada en cucharada, hasta lograr la consistencia deseada.

2 Ponga en un bol grande todas las verduras preparadas y los germinados. Añada el cilantro y el pollo troceado.

3 Vierta el aliño por encima de la ensalada y remueva con cuidado.

4 Reparta la ensalada entre 4 platos y esparza por encima el chile (si es que usa), semillas de sésamo u tiras de cebolleta. Sirva con las cuñas de lima.

También puede probar...

❖ Añada un poco de menta fresca o de albahaca tailandesa y esparza sobre la ensalada unos cuantos cacahuetes tostados.

❖ En vez de chile fresco y miel, añada al aliño 2 cucharadas de salsa de chile dulce.

Aliños y salsas para ensaladas

Usar semillas o sus aceites es una maravillosa manera de añadir valor nutricional a la ingesta diaria, en especial los ácidos grasos esenciales y la vitamina E presentes en todas las semillas. Guarde los aliños en la nevera hasta 2 semanas para mantener su sabor fresco y todos sus beneficios.

Salsa satay con semillas de calabaza

3 cucharadas de mantequilla de cacahuete suave

1 cucharada de aceite de sésamo

el zumo de 1 lima

2 cucharadas de salsa de soja clara

1 cucharada de salsa de chile dulce

1 cucharadita de azúcar moreno

2 cucharadas de semillas de calabaza

escamas de sal marina al gusto

Salen 225 ml
Preparación: 5 minutos

1 Ponga en una batidora la mantequilla de cacahuete, el aceite de sésamo, el zumo de lima, la salsa de soja, la salsa de chile y el azúcar, y bata hasta que quede suave.

2 Si el aliño es espeso, vaya añadiendo agua, de cucharada en cucharada, y batiendo, hasta obtener la consistencia cremosa deseada.

3 Incorpore las semillas de calabaza y pruebe. Añada más escamas de sal, si lo desea.

Salsa thai con sésamo

el zumo y la ralladura de una 1 lima

4 cucharadas de aceite de cacahuete

1 cucharada de aceite de sésamo

2 cucharadas de vinagre de arroz

2 cucharadas de nam pla (salsa de pescado tailandesa)

1 chile thai rojo pequeño, picado muy fino

1 diente de ajo, picado muy fino

1 cucharadita de azúcar superfino

2 cucharadas de semillas de sésamo blancas

1 cucharada de menta picada o de albahaca tailandesa

Salen 180 ml
Preparación: 10 minutos

1 Ponga todos los ingredientes de la salsa en un frasco con tapón de rosca o en cualquier otro envase con cierre hermético. Agítelo enérgicamente hasta que quede emulsionada.

2 Puede guardar la salsa en la nevera hasta una semana si no pone las hierbas y las añade en el momento de servir.

Desde la izquierda: Salsa satay con semillas de calabaza; Salsa thai con sésamo; Aliño de chile, limón y semillas de cilantro; Aaliño de zumo de naranja y limón con semillas de adormidera; Vinagreta de miel y sésamo tostado

Salsa tahini

3 cucharadas de tahini
1 diente de ajo, picado muy fino
1 cucharadita de raíz fresca de jengibre, rallada
el zumo y la ralladura de ½ limón
1 cucharada de salsa de soja clara
½ cucharadita de miel líquida
4-5 cucharadas de agua caliente
2 cucharaditas de aceite de sésamo
un puñado de perejil, picado muy fino
2 cucharadas de semillas de sésamo tostadas
sal y pimienta negra recién molida

Salen 150 ml
Preparación: 10 minutos

1 Remueva la tahini y ponga una cucharada en la batidora, junto con el ajo, el jengibre, el zumo y la ralladura de limón, la salsa de soja y la miel. Bata hasta que quede suave.

2 Añada agua caliente, de cucharada en cucharada, y siga batiendo hasta obtener la consistencia cremosa deseada.

3 Pase la salsa a un frasco y vierta el aceite de sésamo, el perejil y las semillas de sésamo. Sazone al gusto. Remueva.

4 Puede guardar la salsa en la nevera hasta 3 días en un envase hermético.

Aliño de chile, limón y semillas de cilantro

2 cucharadas de semillas de cilantro
1 chile rojo, sin semillas y picado
un trozo de 2,5 cm de raíz fresca de jengibre, pelada y troceada
2 dientes de ajo, machacados
el zumo y la ralladura de 2 limones
6 cucharadas de aceite de oliva
un manojo pequeño de cilantro, picado muy fino
sal y pimienta negra recién molida

Salen 225 ml
Preparación: 10 minutos

1 Ponga las semillas de cilantro, el chile, el jengibre y el ajo en un mortero, y macháquelo hasta obtener una pasta espesa.

2 Pase la pasta a un bol y añada el zumo y la ralladura de limón. Sin dejar de remover, vaya añadiendo el aceite de oliva, hasta que el aliño se vuelva suave.

3 Incorpore el cilantro y salpimiente al gusto.

NOTA: *Si el aliño es demasiado intenso para su gusto, endúlcelo con una pizca de azúcar o con una cucharadita de miel líquida o de néctar de agave.*

Aliño de zumo de naranja y limón con semillas de adormidera

100 ml de aceite de aguacate o de semillas de uva
1 cucharada de vinagre de sidra
el zumo de 1 naranja grande
el zumo de 1 limón
2 cucharaditas de mostaza de Dijon
1 cucharada de néctar de agave o de miel líquida
2 cebolletas, picadas muy finas
1 ½ cucharadas de semillas de adormidera
sal y pimienta negra recién molida

Salen 225 ml
Preparación: 10 minutos

1   Mezcle en un bol el aceite, el vinagre y los zumos.

2   Añada la mostaza y la miel líquida, y remueva.

3   Incorpore las cebolletas y las semillas de adormidera, y salpimiente al gusto.

4   A no ser que lo vaya a usar de inmediato, pase el aliño a un envase con cierre hermético. Puede guardarlo en la nevera hasta una semana.

> **CONSEJO:** *Puede hacer el aliño más cremoso añadiendo 1 cucharada de mayonesa.*

Vinagreta de miel y sésamo tostado

2 cucharadas de semillas de sésamo (blancas o negras)
3 cucharadas de aceite de girasol
1 cucharada de aceite de sésamo tostado
2 cucharadas de vinagre de arroz
2 cucharadas de salsa de soja clara
el zumo de 1 lima
1 diente de ajo, picado muy fino
1 cucharadita de raíz fresca de jengibre, rallada
2 cucharadas de miel líquida
unas ramitas de cilantro, picado muy fino

Salen 150 ml
Preparación: 10 minutos
Cocción: 2-3 minutos

1   Ponga una sartén a fuego medio. Cuando esté caliente, añada las semillas de sésamo. Tuéstelas 2-3 minutos, removiéndolas suavemente, hasta que estén doradas. Retírelas inmediatamente y déjelas enfriar. Vigile la sartén, ya que las semillas se pueden quemar.

2   Ponga el resto de ingredientes de la vinagreta en un envase de cierre hermético. Una vez frías, añada las semillas de sésamo y agite enérgicamente hasta que emulsione la vinagreta.

3   Puede guardar el aliño en la nevera hasta una semana si no incorpora las hierbas y las añade justo antes de servir.

Cenas ligeras
con semillas

Este saludable plato es igual de bueno caliente, recién salido del horno, que frío al día siguiente, y es sorprendentemente saciante. Esta receta es adecuada para dietas ricas en proteína, ya que el trigo sarraceno tiene mayor contenido proteico que el arroz. También ayuda a mantener los niveles de azúcar en sangre gracias a su contenido en fibra, por lo que es un plato ideal para diabéticos.

Verduras mediterráneas con trigo sarraceno

2 berenjenas de tamaño medio

2 pimientos rojos o amarillos

3 cucharadas de aceite de oliva, y algo más para engrasar

150 g de trigo sarraceno

1 cebolla roja pequeña, picada

2 dientes de ajo, machacados

3 tomates, troceados

un manojo pequeño de perejil, picado muy fino

25 g de piñones

el zumo y la ralladura de 1 limón

100 g de queso feta

sal y pimienta negra recién molida

4 raciones
Preparación: 15 minutos
Cocción: 30 minutos

1 Precaliente el horno a 200 °C.

2 Abra las berenjenas y los pimientos por la mitad. Retire los nervios blancos y las semillas de dentro de los pimientos. Ponga las verduras en una bandeja de horno con el lado cortado hacia arriba y rocíelas generosamente con aceite de oliva.

3 Hornéelas en el horno precalentado unos 20 minutos, hasta que estén tiernas. Retire las verduras del horno y déjelas enfriar un poco pero deje el horno encendido.

4 Mientras tanto, cueza el trigo sarraceno siguiendo las instrucciones del envase. Caliente el aceite de oliva restante a fuego lento en una sartén y poche la cebolla roja y el ajo unos 10-15 minutos, removiendo de vez en cuando, hasta que se ablanden pero no cojan color. Incorpore los tomates troceados y el perejil, y cuézalo todo a fuego lento otros 4-5 minutos.

5 Tueste los piñones en otra sartén a fuego lento unos 2-3 minutos, removiendo de vez en cuando, hasta que se doren y se tuesten. Retírelos inmediatamente del fuego.

6 Con una cuchara, quite la pulpa de las berenjenas y trocéela. Añádala a la mezcla de cebolla y tomate con el trigo sarraceno cocido, los piñones, el zumo y la ralladura de limón, y el queso feta, y remueva bien. Salpimiente.

7 Rellene la berenjena y los pimientos con la mezcla y póngalos de nuevo en el horno unos 8-10 minutos. Sirva caliente o frío con ensalada.

También puede probar...

❖ Haga un plato picante añadiendo chile picado o una pizca de harissa al relleno.

❖ En vez de feta, espolvoree un poco de parmesano o de cheddar por encima del relleno antes de volver a introducirlo en el horno los últimos 10 minutos.

El dahl es muy fácil de preparar: saciante, sabroso y sustancioso, es un plato reconfortante en su máxima expresión. Las semillas de comino y de cilantro aportan muchos antioxidantes antiinflamatorios, mientras que las semillas de mostaza del chutney son ricas en magnesio, que puede ayudar a reducir los síntomas menopáusicos.

Dahl con chutney de coco y semillas

2 cucharadas de aceite de coco

1 cebolla roja, picada muy fina

4 dientes de ajo, machacados

1 cucharadita de semillas de comino

1 cucharadita de semillas de cilantro, machacadas

1 cucharadita de cúrcuma en polvo

1 cucharadita de canela en polvo

1 chile rojo, picado muy fino

1 cucharadita de raíz fresca de jengibre, rallada muy fina

200 g de lentejas rojas (peso en seco), lavadas y escurridas

1 lata de 400 ml de leche de coco baja en grasa

300 ml de caldo vegetal

un puñado de cilantro, picado

el zumo de 1 lima

sal y pimienta negra recién molida

arroz hervido, naan o chapatis, para servir

Chutney de coco y semillas:

50 g de coco rallado o deshidratado

100 ml de agua hirviendo

1 cucharadita de aceite de coco

1 cucharadita de semillas de mostaza negra

1 cucharadita de semillas de comino

4 hojas de curri

1 chile rojo, picado

4 raciones
Preparación: 10 minutos
Cocción: 30 minutos

1 Caliente el aceite de coco en una cacerola y manténgalo a fuego lento. Añada la cebolla y el ajo, y póchelos, removiendo de vez en cuando, unos 6-8 minutos, hasta que se ablanden.

2 Añada las semillas de comino y cilantro, las especias en polvo, el chile y el jengibre. Remueva bien y deje cocer suavemente unos 2-3 minutos.

3 Añada las lentejas y mezcle bien. Vierta la leche de coco y el caldo, y llévelo a ebullición. Baje el fuego, tape la cacerola y deje hervir a fuego lento unos 20-25 minutos, hasta las lentejas estén cocidas. Añada un poco más de caldo si ve que las lentejas empiezan a pegarse al fondo de la cacerola.

4 Retire la cacerola del fuego e incorpore el cilantro picado y el zumo de lima. Salpimiente.

5 Mientras el dhal se está haciendo, prepare el chutney de coco y semillas: ponga el coco en un bol y vierta el agua hirviendo. Déjelo en remojo al menos 15 minutos y escúrralo bien. Caliente el aceite de coco en una sartén y añada las semillas de mostaza y de comino, las hojas de curri y el chile. Cuando empiecen a crepitar, añada el coco y mezcle bien.

6 Sirva el dhal con el chutney de coco por encima y con un poco de arroz hervido, naan o chapatis.

También puede probar...

❖ Justo antes de servir, mezcle unas hojas de espinacas baby. Se cocerán ligeramente en el dhal caliente.

❖ Añada cilantro o menta picados al chutney, unas gotas de zumo de lima o 1 cucharadita de pasta de tamarindo.

Ligeramente chamuscadas por fuera para lograr una textura crujiente y suculentas pero firmes por dentro, las hamburguesas de esta receta tienen todo lo que se puede esperar... además de colorido y las bondades de las semillas. Estas aportan fibra adicional y mantienen los niveles de azúcar en sangre para contribuir a un sueño reparador.

Hamburguesas vegetales con semillas

300 g de boniatos, pelados y cortados en dados

1 colinabo, pelado y cortado en dados

175 g de col rizada, troceada

3 cucharadas de aceite de oliva

6 cebolletas, picadas muy finas

2 dientes de ajo, picados muy finos

un puñado pequeño de cebollino, picado

60 g de frutos secos tostados, por ejemplo nueces, nueces de macadamia o almendras, picadas

2 cucharadas de harina común

2 cucharaditas de mostaza a la antigua

75 g de mezcla de semillas, por ejemplo calabaza, girasol y sésamo

8 panecillos con semillas

tomate en rodajas, rúcula y mayonesa, para servir

sal y pimienta negra recién molida

8 raciones
Preparación: 20 minutos
Enfriamiento: 20 minutos
Cocción: 30 minutos

1   En una cacerola grande con agua hirviendo y sal, hierva los boniatos y el colinabo unos 15 minutos, hasta que se ablanden. Escúrralos bien.

2   Mientras tanto, haga la col rizada: sumérjala unos 4-5 minutos en otra cacerola con agua hirviendo y escúrrala bien.

3   Trocee la col rizada. Usando un pasapurés, chafe a trozos grandes los boniatos y el colinabo; no debe quedar demasiado suave.

4   Caliente a fuego medio 1 cucharada de aceite de oliva en una sartén y haga las cebolletas y el ajo hasta que se ablanden pero no cojan color. Agregue el cebollino.

5   Páselo a un bol grande e incorpore el puré, la col rizada y los frutos secos. Añada la harina y la mostaza, y sazone al gusto.

6   Reparta la mezcla en 8 porciones y con las manos dé forma de hamburguesa a cada una de ellas. Cúbralas con la mezcla de semillas, haciendo presión para que queden bien rebozadas. Guárdelas en la nevera al menos 20 minutos.

7   Cuando vaya a hacer las hamburguesas, caliente en una sartén a fuego medio el aceite restante y fríalas 3-4 minutos o hasta que la parte inferior empiece a dorarse. Deles la vuelta y hágalas por el otro lado. Retírelas de la sartén y escúrralas sobre papel de cocina.

8   Abra los panecillos y tuéstelos ligeramente. Sirva las hamburguesas en los panecillos con una rodaja de tomate, rúcula y un poco de mayonesa.

También puede probar...

❖   Varíe los tubérculos y pruebe con patatas, chirivías o apionabos.

Intente no tomar este chutney inmediatamente. Si lo guarda en la despensa dos o tres semanas antes de comerlo, sabrá incluso mejor. Es genial con quesos curados o con jamón cocido. La gran cantidad de semillas ricas en antioxidantes complementa el licopeno (otro antioxidante) de los tomates cocidos, lo que lo convierte en una excelente salsa para reforzar el sistema inmunitario.

Chutney indio de tomate con semillas

1 cucharadita de semillas de fenogreco

6 cucharadas de aceite de girasol

1 cucharada de semillas de comino

2 cucharadas de semillas de mostaza negra

un trozo de 2,5 cm de raíz fresca de jengibre, pelada y troceada

3 dientes de ajo, machacados

1 chile rojo, cortado

1,5 kg de tomate, pelado y cortado

450 g de azúcar granulado

300 ml de vinagre de malta

1 cucharadita de sal

Sale aproximadamente 1 kg
Preparación: 15 minutos
Cocción: 1-1 ¼ horas

1 Tueste las semillas de fenogreco en una sartén a fuego medio durante 1-2 minutos, removiéndolas de vez en cuando. Retírelas de la sartén y déjelas enfriar unos minutos.

2 Caliente el aceite en una cacerola grande y fría las semillas de comino, de mostaza y de fenogreco a fuego bajo unos 2-3 minutos. Agregue el jengibre, el ajo y el chile, y déjelo al fuego 2-3 minutos. Debe quedar una mezcla aromática, picante y especiada.

3 Añada los tomates y el azúcar, y deje hervir a fuego lento unos 15 minutos, removiendo puntualmente para disolver el azúcar. Agregue el vinagre y la sal, y deje que hierva a fuego lento hasta que la mezcla espese y adquiera una consistencia de jarabe, sin nada de líquido. Tenga paciencia: puede tardar entre 40 minutos y 1 hora. Vaya removiendo el chutney para evitar que se pegue y se queme en el fondo de la cacerola.

4 Mientras se hace el chutney, esterilice algunos frascos limpios poniéndolos sin la tapa en el horno a 110 °C unos 20 minutos. Apague el horno y deje los frascos dentro hasta que los vaya a llenar.

5 Llene los frascos esterilizados con un cucharón y tápelos, pero no acabe de enroscar la tapa hasta que el chutney esté completamente frío. Guarde los frascos en la despensa.

También puede probar...

❖ Poche una cebolla picada con las semillas y las especias antes de añadir los tomates.

❖ Añada algunos trocitos de calabaza dorada o un puñado de pasas.

Incluso el consumidor de carne más entregado disfrutará con este delicioso gratinado vegetariano. Puede prepararlo una hora antes (hasta el paso 5) y ponerlo en el horno 15 minutos antes de servir la cena. Las semillas de calabaza son ricas en ácidos grasos esenciales -omega 3 y 6- y tienen propiedades antimicrobianas que ayudan a proteger el tracto digestivo.

Calabaza y queso de cabra al horno con sus semillas

900 g de calabaza, pelada, sin semillas y troceada

unas cuantas hojas de tomillo, sin las ramitas

2 cucharaditas de semillas de comino

pimienta negra

250 ml de caldo vegetal

100 ml de nata fresca semidesnatada

80 g de queso de cabra

2 cucharadas de semillas de calabaza

4 cucharadas de pan rallado

Salsa de tomate:

2 cucharadas de aceite de oliva

1 cebolla grande, picada muy fina

2 dientes de ajo, machacados

1 lata de 400 g de tomates triturados

1 cucharada de pasta de tomate

un chorrito de vinagre balsámico

sal y pimienta negra recién molida

4 raciones
Preparación: 10 minutos
Cocción: 45 minutos

1   Precaliente el horno a 180 °C.

2   Distribuya los trozos de calabaza en una fuente de horno y esparza por encima las hojas de tomillo y las semillas de comino. Sazone con un poco de pimienta y vierta el caldo por encima. Hornee la calabaza unos 30 minutos en el horno precalentado, hasta que esté tierna pero no demasiado blanda.

3   Mientras tanto, prepare la salsa de tomate. Caliente el aceite en una sartén grande y poche la cebolla y el ajo unos 10 minutos a fuego lento, removiendo de vez en cuando, hasta que las cebollas estén blandas pero no hayan cogido color.

4   Añada los tomates y la pasta de tomate, y deje hervir a fuego lento unos 10 minutos, hasta que la salsa se reduzca y empiece a espesar. Agregue un chorrito de vinagre balsámico para endulzar y salpimiente al gusto.

5   Retire la calabaza del horno y con una cuchara añada la salsa de tomate por encima. Agregue unas cucharadas de nata fresca y el queso de cabra y finalmente esparza las semillas de calabaza y el pan rallado.

6   Ponga el horno a 200 °C y hornee la calabaza otros 15 minutos, hasta que el pan rallado esté crujiente y dorado, y la salsa burbujee.

7   Sirva el plato caliente o tibio, con una ensalada.

También puede probar...

❖   Use colinabo, calabaza, chirivía, boniato o incluso remolacha en vez de calabaza.

❖   Unas cucharadas de mascarpone suponen una buena y cremosa alternativa al queso de cabra.

El truco para hacer una tarta de cebolla realmente sabrosa consiste en pochar las cebollas tan despacio como sea posible y a fuego muy lento, hasta que tengan una consistencia fundida y un sabor dulce, y adquieran un intenso color dorado. Las semillas de alcaravea contienen minerales como el zinc y el manganeso, que refuerzan el sistema inmunitario, así como vitaminas A, C y E, que ayudan a reducir la indigestión.

Tarta de cebolla caramelizada con base de semillas de alcaravea

Pasta de semillas de alcaravea:

1 cucharada de semillas de alcaravea

300 g de harina común

una pizca de sal

una pizca de cayena

150 g de mantequilla, cortada en daditos

1 yema de huevo ecológico, batida

agua fría para mezclar

Relleno:

25 g de mantequilla, y algo más para engrasar

2 cucharadas de aceite de oliva

4 cebollas, en rodajas muy finas

1 cucharada de semillas de alcaravea

300 ml de nata líquida o de leche

3 huevos ecológicos, batidos

una pizca de nuez moscada recién rallada

100 g de queso rallado, por ejemplo emmental o gruyere

un manojo pequeño de cebollino, picado

sal y pimienta negra recién molida

6 raciones
Preparación: 25 minutos
Enfriamiento: 30 minutos
Cocción: 1 ¼ horas

1 Precaliente el horno a 190 °C. Engrase ligeramente con mantequilla un molde para tartas de 23 cm.

2 Tueste las semillas de alcaravea en una sartén a fuego lento durante 1-2 minutos, removiendo de vez en cuando. Retírelas y déjelas enfriar unos minutos, y píquelas a trozos grandes en un molinillo o en un mortero.

3 Haga la masa: tamice la harina, la sal y la cayena en un bol grande. Incorpore las semillas de alcaravea picadas. Añada la mantequilla cortada y mézclela con los dedos hasta que la masa recuerde la textura del pan rallado. Añada la yema de huevo batida y suficiente agua fría para ligarlo todo y hacer una bola de masa que deje limpias las paredes del bol.

4 Envuelva la masa en papel film o póngala en una bolsa de polietileno, y déjela reposar en la nevera al menos 30 minutos.

5 Mientras tanto, caliente la mantequilla y el aceite de oliva en una sartén grande a fuego lento, y poche la cebolla, removiendo de vez en cuando, unos 20 minutos o hasta que esté realmente blanda, tierna y haya adquirido un color pardo dorado. Incorpore las semillas de alcaravea.

6 Extienda la pasta sobre una superficie de trabajo ligeramente enharinada hasta formar un círculo grande y utilícelo para forrar el molde para tartas previamente engrasado, dejando colgar los bordes que sobren. Ahora forre la masa con papel sulfurizado y llénela con pesos para hornear (servirán unas canicas o unos garbanzos secos). Ponga el molde en una bandeja y hornéela unos 15 minutos en el horno precalentado. Retire los pesos y el papel, y póngala otros 5-10 minutos en el horno. Déjela reposar 5 minutos antes de recortar el borde de masa sobrante del molde.

7 Rellene el molde de masa con la mezcla de cebolla. Bata la nata o la leche con los huevos, nuez moscada y sal y pimienta. Añada el queso rallado y el cebollino, y viértalo todo dentro del molde.

8 Hornee la tarta unos 25-30 minutos, hasta que el relleno empiece a cuajar y a dorarse. Sirva caliente o fría, cortada en porciones.

También puede probar...

❖ En vez de hacer la masa con semillas de alcaravea, añada 2 cucharaditas de semillas de hinojo tostadas y una pizca de mostaza en polvo, o 2 cucharadas de semillas de adormidera.

Este plato vegetariano, rápido y fresco, es ideal en primavera y a principios de verano, en plena temporada de espárragos trigueros. Los elevados niveles de hierro de las semillas de adormidera, junto con las vitaminas del complejo B que contienen, contribuyen al contenido global de energía de este plato.

Pasta con espárragos y semillas de adormidera

50 g de piñones

450 g de tallarines, fettuccine o pappardelle

300 g de espárragos

250 ml de nata fresca

el zumo y la ralladura de 1 limón pequeño

50 g de hojas de espinacas baby

2 cucharadas de semillas de adormidera

30 g de parmesano laminado o rallado

sal o pimienta negra recién molida

4 raciones
Preparación: 10 minutos
Cocción: 10 minutos

1 Tueste las semillas 1-2 minutos en una sartén a fuego medio, removiendo de vez en cuando, hasta que queden doradas. Retírelas de la sartén y déjelas enfriar.

2 Cueza la pasta en una cacerola con agua hirviendo con sal, siguiendo las instrucciones del envase.

3 Retire el extremo leñoso de los espárragos y córtelos en trozos de 2,5 cm. Cuézalos al vapor o hiérvalos unos 4 minutos, hasta que estén tiernos pero aún conserven su textura crujiente.

4 Escurra la pasta pero conserve 2 cucharadas del agua con la que la ha hervido. Pase la pasta a la cacerola caliente e incorpore la nata fresca y la ralladura de limón.

5 Añada los piñones tostados, las espinacas, los espárragos y las semillas de adormidera, junto con el agua de cocción que había reservado y el zumo de limón. Remueva bien y sazone al gusto.

6 Reparta la pasta en 4 platos y espolvoree el parmesano por encima.

También puede probar...

❖ Para una versión menos calórica, use nata fresca semidesnatada o sustitúyala por yogur griego desnatado.

❖ Use semillas o unas hojas picadas de hinojo para conseguir un sabor más característico.

El salmón, una excelente fuente de vitaminas B_6 y B_{12}, entre otras, es muy bueno combinado con sabores japoneses en un salteado rápido. El zinc y el selenio de las semillas de sésamo ayudan a que este plato refuerce el sistema inmunitario y equilibre los niveles hormonales.

Salmón salteado con fideos de sésamo

50 ml de mirin

2 cucharadas de salsa de soja

500 g de filetes de salmón sin piel, cortado en láminas o en dados

300 g de fideos de huevo (peso en seco)

2 cucharaditas de aceite de sésamo

un trozo de 2,5 cm de raíz fresca de jengibre, pelada y rallada

1 pimiento amarillo, sin semillas y cortado en tiras

2 zanahorias, cortadas en bastoncitos

un manojo de cebolletas, cortadas en diagonal

200 g de pak choi, troceada

100 g de germinado

el zumo y la ralladura de 1 lima

1 cucharada de semillas de sésamo, blancas o negras

4 raciones
Preparación: 10 minutos
Marinado: 10-15 minutos
Cocción: 8 minutos

1 Mezcle en un bol poco profundo el mirin y la salsa de soja. Añada el salmón y dele la vuelta para cubrirlo por todos lados. Déjelo marinar 10-15 minutos.

2 Cueza los fideos siguiendo las instrucciones del envase y escúrralos.

3 Mientras se marina el pescado, caliente en un wok o en una sartén profunda el aceite de sésamo a fuego vivo. Añada el salmón y saltéelo 2-3 minutos, hasta que se dore por todos lados.

4 Incorpore el jengibre, el pimiento amarillo, la zanahoria, la cebolleta, la pak choi y el germinado, y saltéelo todo otros 3 minutos. Las verduras deben quedar ligeramente crujientes.

5 Añada los fideos de huevo cocidos, el zumo y la ralladura de lima, y las semillas de sésamo, y cocínelo todo 1 minuto más.

6 Reparta entre 4 boles de servir y sirva inmediatamente.

También puede probar...

❖ Si quiere que queden algo picantes, añada chile picado o una cucharada de salsa de chile dulce.

❖ Sustituya la salsa de soja por salsa teriyaki.

Este es un curri rápido y sencillo de hacer que puede preparar cuando no tenga mucho tiempo para cocinar. Tanto las semillas de cilantro como las de mostaza aportan vitaminas B, útiles para la energía muscular y cerebral, mientras que las semillas de granada son muy ricas en vitamina C y refuerzan la inmunidad.

Gambas con curri y tomate

1 berenjena grande

5 cucharadas de aceite de girasol

2 cebollas, picadas

3 dientes de ajo, machacados

1 chile verde, troceado

un trozo de 5 cm de raíz fresca de jengibre, pelada y troceada

1 cucharadita de cúrcuma en polvo

1 cucharadita de cilantro en polvo

2 cucharaditas de semillas de cilantro, machacadas

1 cucharada de semillas de mostaza negra

350 g de tomates, troceados

1 lata de 400 ml de leche de coco baja en grasa

450 g de gambas, peladas

un manojo pequeño de cilantro, picado

las semillas de 1 granada pequeña

sal y pimienta negra recién molida

arroz hervido y chutney de tomate indio con semillas (véase p. 131), para servir

4 raciones
Preparación: 15 minutos
Cocción: 30 minutos

1   Corte la berenjena en rodajas y luego corte cada rodaja por la mitad o en cuartos. Rocíe los trozos con 2 cucharadas de aceite.

2   Caliente una parrilla a fuego medio y haga la berenjena hasta que quede dorada. Si no caben todos los trozos, hágalos en tandas. Cuando estén hechos, póngalos a secar sobre un papel de cocina.

3   Mientras tanto, caliente el aceite restante en una cacerola grande y poche la cebolla, el ajo y el chile a fuego lento o medio unos 8-10 minutos, hasta que quede blanda.

4   Añada el jengibre, las especias en polvo y las semillas de mostaza y de cilantro, y cuézalo todo 2 minutos, removiendo para que liberen sus aromas.

5   Incorpore los tomates y la leche de coco, y déjelo hervir a fuego lento 15 minutos, hasta que reduzca y se espese.

6   Añada la berenjena y las gambas, y cuézalo todo 2-3 minutos más, hasta que las gambas cojan color rosado por ambos lados. Incorpore la mayor parte del cilantro picado y sazone al gusto.

7   Sirva el curri con un poco de arroz hervido, decorado con unas semillas de granada, el cilantro picado y el chutney de tomate indio con semillas.

También puede probar...

❖   Los vegetarianos pueden reemplazar las gambas por unas judías verdes o un calabacín cortado, o incluso por unos dados de tofu o de paneer.

❖   Haga un curri más especiado añadiendo una cucharadita de canela en polvo, garam masal o pasta de curri.

Este plato es fácil y relativamente rápido de preparar: no se asuste por la larga lista de ingredientes. Resulta delicioso y sano, con un verdadero cóctel de semillas. Mostaza, comino, hinojo y fenogreco se suman con su contenido en ácidos grasos esenciales al ácido graso omega 3 presente en el pescado, y combinados proporcionan un gran plato con propiedades antiinflamatorias.

Filetes de pescado con rebozado indio de semillas

1 cucharada de semillas de cilantro

2 cucharaditas de semillas de mostaza negra

1 cucharadita de semillas de mostaza amarilla

1 cucharada de semillas de hinojo

½ cucharadita de semillas de fenogreco

1 cucharadita de cúrcuma en polvo

una pizca de jengibre molido

una pizca de escamas de sal marina

4 filetes de pescado blanco de unos 175 g cada uno

aceite de girasol, para engrasar

chutney indio de tomate (véase p. 131) o raita, para servir

Saag aloo:

2 cucharadas de aceite de girasol

1 cebolla, picada

un trozo de 2,5 cm de raíz fresca de jengibre, pelada y cortada

2 dientes de ajo, machacados

1 chile rojo, sin semillas y picado

1 cucharadita de semillas de mostaza negra

1 cucharadita de semillas de comino

½ cucharadita de semillas de hinojo

½ cucharadita de cúrcuma en polvo

400 g de patatas, peladas y en dados

300 g de hojas de espinacas baby

4 raciones
Preparación: 15 minutos
Cocción: 20 minutos

1 Precaliente el horno a 180 °C.

2 Ponga una sartén a fuego medio. Cuando esté caliente, añada las semillas de cilantro y de mostaza, y tuéstelas 1 minuto o hasta que las semillas de mostaza empiecen a estallar. Añada las semillas de hinojo y de fenogreco y caliéntelas unos 30 segundos, hasta que liberen sus aromas. Retire las semillas y déjelas enfriar.

3 Machaque ligeramente las semillas tostadas en un mortero e incorpore las especias molidas y las escamas de sal marina. Muela de nuevo.

4 Esparza la mezcla de semillas especiadas sobre los filetes de pescado y presiónelos suavemente. Ponga el pescado en una bandeja de horno ligeramente untada con aceite. Hornéelo 15-20 minutos, hasta que el pescado esté cocido y el rebozado de semillas y especias, crujiente. A los 10 minutos de cocción, dé la vuelta a los filetes.

5 Mientras se está haciendo el pescado, prepare el saag aloo. Caliente el aceite a fuego medio en una cacerola grande y rehogue 4-5 minutos la cebolla, el jengibre y el ajo. Añada el chile, las semillas, la cúrcuma y las patatas, y sofríalo unos 5 minutos, removiendo de vez en cuando.

6 Añada 2-3 cucharadas de agua, tape la cacerola, reduzca el fuego y deje cocer unos 8-10 minutos, hasta que las patatas estén blandas. Incorpore las espinacas y cuando se pongan de color verde brillante, el saag aloo estará listo.

7 Sirva los filetes de pescado y el saag aloo con una cucharada de chutney o de raita.

También puede probar...

❖ Haga más picante el rebozado de semillas añadiendo a la mezcla un poco de cayena molida o chile en polvo o en copos.

Izquierda: Pizza de semillas con cebolla caramelizada; derecha:
Pizza de semillas con prosciutto (véanse pp. 146-147)

Con esta receta puede tener suficiente masa y salsa de tomate para hacer 4 pizzas. Aunque se tarda tiempo en preparar la base, el resultado hace que valga la pena el esfuerzo. Puede preparar el doble de cantidad de masa y guardarla varios días en la nevera en una bolsa de polietileno. Las semillas de la masa aportan fibra y proteínas, por lo que el plato resulta especialmente adecuado para aquellos que siguen una dieta rica en proteínas.

Pizza de semillas con prosciutto

Salsa de tomate:

3 cucharadas de aceite de oliva

1 cebolla, picada muy fina

1 lata de 400 g de tomates triturados

2-3 cucharadas de pasta de tomate

sal y pimienta negra recién molida

Masa de pizza:

500 g de harina de fuerza

7 g de levadura de acción rápida

1 cucharadita de sal marina

300 ml de agua caliente

2 cucharadas de semillas de hinojo, de cáñamo, de chía o de sésamo

unas cuantas hojas de tomillo o de romero

Topping:

350 g de mozzarella, cortada en láminas o en dados

unas hojas de albahaca

aceite de oliva, para engrasar

80 g de prosciutto, cortado en tiras muy finas

2 puñados de rúcula

4-6 raciones
Preparación: 30 minutos
Reposo de la masa: 1-2 horas
Cocción: 30-35 minutos

1 Prepare la salsa de tomate. Puede hacerla el día antes y guardarla en la nevera en un recipiente herméticamente cerrado hasta que vaya a preparar las pizzas. Caliente el aceite de oliva en una sartén a fuego lento y poche la cebolla unos 10 minutos, removiendo de vez en cuando, hasta que quede blanda y translúcida, pero sin que llegue a coger color. Añada los tomates y la pasta de tomate, y deje que la salsa hierva a fuego lento unos 10 minutos, hasta que reduzca y se espese. Salpimiente y déjela enfriar.

2 Haga la masa de pizza: ponga la harina en un bol grande, con la levadura y la sal. Haga un hueco en el centro y vierta la mayor parte del agua caliente. Mezcle hasta obtener una masa blanda, limpiando con las manos la harina de las paredes del bol. Como alternativa, puede usar un robot de cocina con un gancho de amasar. Si la masa queda demasiado seca, añada un poco más de agua caliente.

3 Ponga la bola de masa sobre una superficie de trabajo bien enharinada y amásela con las manos unos 10 minutos. Como alternativa puede hacerlo con un robot de cocina con un gancho de amasar en la mitad de tiempo. Debe quedar blanda, sedosa y elástica.

4 Ponga la masa en un bol ligeramente untado en aceite y cúbrala con papel film o con un paño húmedo. Déjela en un lugar cálido durante 1-2 horas, hasta que doble el tamaño.

5 Precaliente el horno a 230 °C. Aplane la masa: póngala sobre una superficie ligeramente enharinada y dóblela repetidamente sobre sí misma usando los nudillos de sus manos hasta «sacar» todo el aire. Amásela brevemente y añada las semillas y las hierbas que prefiera. Siga amasando hasta que queden homogéneamente distribuidas dentro de la masa. Corte la masa en 4 trozos iguales y extienda cada uno de ellos con un rodillo hasta obtener un disco fino, o bien estire la masa con las manos hasta lograr el grosor deseado. Ponga las bases de pizza en bandejas de horno.

6 Reparta la salsa de tomate sobre las bases de pizza, dejando un margen de unos 2,5 cm alrededor del borde para que suba la masa. Reparta la mozzarella por encima. Añada la albahaca y rocíe con aceite de oliva.

7 Métalas en el horno precalentado unos 12-15 minutos, hasta que las bases de pizza estén crujientes y el queso se haya fundido. Antes de servir, ponga por encima el prosciutto y la rúcula.

Estas pizzas tienen un sabor agridulce siciliano debido a la dulzura natural de las cebollas y las pasas que contrarresta con el vinagre. Las semillas de hinojo añaden un delicioso sabor anisado a la pizza.

Pizza de semillas con cebolla caramelizada

salsa de tomate (véase p. anterior)

masa de pizza con semillas (véase p. anterior)

Topping:

3 cucharadas de aceite de oliva, y algo más para rociar

4 cebollas, picadas muy finas

2 cucharadas de semillas de hinojo

4 cucharadas de piñones

80 g de pasas

unas gotas de vinagre balsámico

350 g de mozzarella, cortada en láminas o en dados

sal y pimienta negra recién molida

4-6 raciones
Preparación: 30 minutos
Reposo de la masa: 1-2 horas
Cocción: 1 hora

1 Caliente el aceite de oliva en una sartén a fuego lento. Añada la cebolla y póchela muy suave y lentamente, removiendo de vez en cuando, unos 20 minutos hasta que quede blanda y empiece a dorarse y a caramelizar. Añada las semillas de hinojo y déjelas 1-2 minutos.

2 Retire la cebolla y las semillas de hinojo del fuego, e incorpore las pasas y los piñones. Salpimiente al gusto y añada unas gotas de vinagre balsámico.

3 Extienda la masa de pizza para preparar 4 bases (véase paso 5 de la p. opuesta) y póngalas en bandejas de horno. Reparta la salsa de tomate sobre las bases de pizza, dejando un margen de unos 2,5 cm alrededor del borde para que suba la masa.

4 Reparta la cebolla caramelizada entre las pizzas por encima de la salsa; y ponga la mozzarella por encima. Aliñe con un chorrito de aceite de oliva.

5 Métalas en el horno precalentado a 230 °C unos 12-15 minutos, hasta que las bases de pizza estén crujientes y el queso se haya fundido. Sírvalas inmediatamente.

También puede probar...

❖ Ponga un huevo en el centro de cada pizza antes de hornearlas.

❖ Mezcle unas hojas de espinacas baby con la cebolla caramelizada.

Las aromáticas semillas de sésamo son un sabroso y crujiente rebozado para el pollo. El zinc y el selenio que contienen hacen de este plato un potenciador del sistema inmunitario.

Pechugas de pollo rebozadas con semillas de sésamo

2 cucharadas de salsa de soja

1 cucharada de salsa hoisin

1 cucharada de miel líquida

2 cucharadas de aceite de girasol

una pizca de sal

4 pechugas de pollo, sin piel y cortadas en tiras gruesas

100 g de semillas de sésamo blancas

un trozo de 2,5 cm de raíz fresca de jengibre, pelada y cortada

2 dientes de ajo, picados muy finos

2 chiles rojos, sin semillas y picados

1 cucharadita de semillas de comino

un manojo de cebolletas, cortadas en diagonal

450 g de hojas de espinacas baby

arroz al vapor o fideos de arroz hervidos, para acompañar

4 raciones
Preparación: 10 minutos
Cocción: 10 minutos

1 En un bol grande, mezcle las salsas de soja y hoisin, la miel y 1 cucharadita de aceite. Añada la sal y los trozos de pollo. Procure que todos los trozos queden cubiertos por la mezcla.

2 Ponga las semillas de sésamo en un plato. Pase los trozos de pollo al plato y rebócelos con las semillas.

3 Ponga la mayor parte del aceite restante a fuego medio en un wok o en una sartén. Cuando esté caliente, fría el pollo unos 3 minutos por cada lado, hasta que el rebozado de sésamo quede bien dorado y ligeramente pegajoso, y la carne esté bien hecha.

4 Mientras tanto, caliente en otra sartén el aceite restante a fuego medio y saltee el jengibre, el ajo, los chiles y las semillas de comino unos 2 minutos o hasta que empiecen a crujir. Añada la cebolleta y las espinacas, y rehogue a fuego fuerte, hasta que las espinacas cambien de color.

5 Sirva inmediatamente con el pollo rebozado y acompáñelo con un poco de arroz o de fideos.

También puede probar...

❖ Use muslos o alitas de pollo en vez de pechugas troceadas, aunque tardarán más tiempo en hacerse. Hágalos en el horno precalentado a 220 °C durante 25-30 minutos.

❖ Pruebe a añadir a las espinacas un chorrito de zumo de lima o de limón, o bien un poco de salsa de soja o de nam pla (salsa de pescado tailandesa).

Esta ensalada tibia es un auténtico lujo si le encanta la carne muy poco hecha. Las semillas de granada contienen muchos antioxidantes, así como vitamina K, esencial para el mecanismo de coagulación de la sangre.

Ensalada de calabaza y solomillo con semillas de granada

2 cucharadas de semillas de cilantro

2 cucharadas de semillas de comino

1 cucharadita de semillas de nigella

1 calabaza grande, sin semillas y cortada en tiras

8 cucharadas de aceite de oliva

una pieza de unos 675 g de carne de solomillo de ternera (o filete, onglet), sin la grasa

25 g de rúcula

las semillas de 1 granada pequeña

escamas de sal marina y pimienta negra recién molida

Aliño:

2 cucharadas de vinagre de vino tinto

3 cucharadas de melaza de granada

1 cucharada de mostaza de Dijon

2 cucharadas de miel líquida

100 ml de aceite de oliva

sal y pimienta negra recién molida

4 raciones
Preparación: 15 minutos
Cocción: 40 minutos
Reposo: 10 minutos

1 Precaliente el horno a 200 °C.

2 En un mortero, muela las semillas de cilantro, comino y nigella.

3 Ponga la calabaza en una fuente de horno y esparza las semillas por encima. Rocíe con 4 cucharadas de aceite de oliva y salpimiente.

4 Ponga la calabaza en el horno precalentado durante 25-35 minutos, removiendo un par o tres de veces, hasta que los trozos estén tiernos y dorados por fuera. Retire la calabaza y déjela enfriar.

5 Haga el aliño: mezcle el vinagre, las melazas de granada, la mostaza y la miel. Vaya incorporando gradualmente el aceite y salpimiente.

6 Pinte la carne con el aceite restante frotándolo por ambos lados y muela un poco de sal marina y de pimienta negra por encima.

7 Ponga una parrilla con estrías a fuego muy vivo. Cuando esté realmente caliente, añada la carne y chamúsquela 2-3 minutos por cada lado si quiere la carne prácticamente cruda; si quiere que la carne esté al punto, hágala 4-5 minutos por cada lado. Retírela de la parrilla y déjela reposar al menos 10 minutos.

8 Ponga en un bol la calabaza, la rúcula y la mayor parte de las semillas de granada y mezcle ligeramente con la mitad del aliño.

9 Corte la carne con un cuchillo muy afilado y colóquela sobre la ensalada. Vierta por encima el aliño restante y unas cuantas semillas de granada.

También puede probar...

❖ Haga solomillos de cordero de la misma manera y sírvalos cortados con el aliño.

❖ Aporte algo de picante a la ensalada añadiendo unos copos de chile seco al aliño.

NOTA: *Si usa onglet, puede tardar algo más en hacerse; elija una pieza no demasiado grande.*

Este plato rústico italiano tiene el sabor algo anisado del hinojo. Las semillas tienen un efecto ligeramente diurético y ayudan a compensar los efectos de formación de ácidos de la carne de salchicha y por lo tanto ayudan a los riñones.

Fettuccine con salchicha especiada y semillas de hinojo

3 cucharadas de aceite de oliva

1 cebolla grande, picada

1 bulbo pequeño de hinojo, cortado en dados

2 dientes de ajo, machacados

2 cucharaditas de semillas de hinojo

400 g de salchichas italianas especiadas o normales

1 lata de 400 g de tomates triturados

1 ramita de romero fresco

1 cucharada de pasta de tomate

200 ml de vino tinto

un puñado de perejil, picado, y algo más para decorar

unas gotas de vinagre balsámico

500 g de fettuccine

queso parmesano para rallar

sal y pimienta negra recién molida

4 raciones
Preparación: 10 minutos
Cocción: 40 minutos

1 Caliente el aceite de oliva en una cacerola grande y poche la cebolla con el hinojo, el ajo y las semillas de hinojo a fuego lento, removiendo de vez en cuando, durante 10 minutos, hasta que se ablande.

2 Abra las salchichas con un cuchillo afilado y saque la carne. Póngala en la cacerola y suba el fuego. Rehóguela unos 10 minutos, removiendo de vez en cuando y desmenuzando la carne de la salchicha, hasta que quede dorada y algo crujiente.

3 Añada los tomates, el romero, la pasta de tomate y el vino tinto. Deje que se cocine a fuego lento unos 15-20 minutos hasta que se reduzca. Retire la ramita de romero. Agregue la mayor parte del perejil y unas gotas de vinagre balsámico. Salpimiente al gusto.

4 Mientras tanto, hierva los fettuccine en una cacerola grande siguiendo las instrucciones del envase. Escurra bien la pasta.

5 Mezcle los fettuccine con la salsa de salchicha especiada y reparta entre 4 platos. Espolvoree el perejil sobrante y sirva con el parmesano rallado.

También puede probar...

❖ Para un sabor más sutil, use vino blanco en vez de tinto.

❖ Si le gusta el hinojo, sustituya el perejil por sus plumosas hojas finamente picadas.

Este chili rápido se hace con judías y tomates enlatados. Puede prepararlo el día antes, guardarlo tapado toda la noche en la nevera y recalentarlo al día siguiente. También se congela bien. Las semillas de comino tienen propiedades antiinflamatorias, por lo que el chili no irritará ni los estómagos más sensibles.

Chili de ternera picada y quinoa con semillas de comino

1 cucharada de aceite de girasol

2 cebollas, picadas

2 dientes de ajo, machacados

1 chile rojo, picado muy fino

500 g de carne picada baja en grasa

1 cucharada de semillas de comino

1 cucharadita de canela en polvo

1 cucharadita de pasta al chipotle o de chile en polvo

2 latas de 400 g de tomate triturado

300 ml de caldo de carne

1 lata de 400 g de frijoles negros o de frijoles rojos

175 g de quinoa

un puñado de cilantro, picado

1 aguacate maduro, pelado, sin hueso y cortado en dados

el zumo y la ralladura de 1 lima

4 cucharadas de crema agria

1 cucharada de semillas de calabaza

sal y pimienta negra recién molida

4 raciones
Preparación: 10 minutos
Cocción: 40-50 minutos

1 Caliente el aceite en una cacerola grande y poche la cebolla, el ajo y el chile a fuego lento o medio unos 6-8 minutos, removiendo de vez en cuando, hasta que se ablande.

2 Añada la carne picada, las semillas de comino, la canela y la pasta al chipotle o el chile en polvo. Sofríalo todo unos 5 minutos, removiendo hasta que la carne se dore.

3 Añada el tomate y el caldo de carne, y deje hervir a fuego lento unos 25-30 minutos, hasta que la salsa se reduzca y espese. Agregue los frijoles enlatados y deje cocer otros 5 minutos para que se calienten. Salpimiente al gusto.

4 Mientras se está haciendo el chili, prepare la quinoa siguiendo las instrucciones del envase.

5 Sirva el chili sobre una cama de quinoa y acompañado del aguacate. Esparza por encima el cilantro picado y el zumo y la ralladura de lima. Finalmente, añada una cucharada de crema agria a cada plato y unas cuantas semillas de calabaza.

También puede probar...

❖ Si quiere hacer una versión con menos grasas, use nata fresca semidesnatada en vez de crema agria.

❖ Este plato también queda muy bien con arroz hervido o al vapor, o con tortillas calentadas en la parrilla.

Panadería
y repostería

Estas galletas son un gran acompañamiento para los quesos. Úntelas con humus o córtelas en forma de bastón en vez de redondas, y úselas para mojar. Las semillas de alcaravea contienen calcio y magnesio, que ayudan al tránsito de los alimentos a través del tracto digestivo, facilitando así la absorción de nutrientes. La nigella es una fuente de ácido linoleico conjugado, un ácido graso esencial rico en omega que ayuda a descomponer otras grasas.

Galletas de queso con semillas de alcaravea

250 g de harina común, y algo más para enharinar

½ cucharadita de pimienta de cayena, y algo más para espolvorear

una pizca generosa de sal

125 g de mantequilla refrigerada, y algo más para engrasar

125 g de queso parmesano

3 cucharadas de semillas de alcaravea

1 cucharadita de semillas de nigella

1 huevo ecológico

agua fría, para mezclar

Salen unas 30-40 galletas
Preparación: 15 minutos
Enfriamiento: 15 minutos
Cocción: 10 minutos

1 Precaliente el horno a 200 °C. Engrase con la mantequilla 2 bandejas de horno.

2 Tamice la harina en un bol grande. Añada la cayena y la sal, y mezcle bien. Corte la mantequilla en dados y mézclela con la harina desmenuzándola con los dedos, hasta que la masa adquiera la textura del pan rallado. Incorpore el parmesano y las semillas.

3 Bata el huevo e incorpórelo a la mezcla. Añada un poco de agua fría, de cucharada en cucharada, hasta formar una masa que deje las paredes del bol limpias.

4 Ponga la masa sobre una superficie ligeramente enharinada y amásela antes de extenderla hasta tener un grosor de unos 3 mm. Córtela en pequeños círculos con un molde de galletas y dispóngalos en la bandeja de horno. Extienda de nuevo los recortes de masa que han sobrado y corte nuevos círculos.

5 Cubra las bandejas con papel de aluminio y póngalas en la nevera al menos 15 minutos antes de espolvorear las galletas con cayena. Introdúzcalas en el horno precalentado unos 10 minutos, hasta que queden crujientes y doradas.

6 Deje enfriar las galletas en una rejilla y guárdelas en un recipiente hermético. Se conservarán bien unos 4-5 días.

También puede probar...

❖ Puede sustituir el parmesano por gruyere, emmental o cheddar curado.

❖ En lugar de cayena, añada una pizca generosa de mostaza inglesa en polvo y una pizca de pimentón, o si quiere unas galletas picantes, mezcle también ¼ de cucharadita de copos de chile.

Este pan especiado se elabora con aceite en vez de con mantequilla. Las semillas de adormidera contienen mucho ácido oleico -uno de los ácidos grasos esenciales-, que ayuda a reducir el colesterol LDL potencialmente dañino, por lo que resulta una comida saludable para el corazón.

Pan de frutos secos y calabacín con semillas

3 huevos ecológicos

175 g de azúcar de melaza

125 g de aceite de nueces o de girasol, y algo más para pintar

150 g de harina integral

150 g de harina común

1 cucharada colmada de levadura química

½ cucharadita de bicarbonato de sodio

1 cucharadita de canela en polvo

1 cucharadita de jengibre en polvo

½ cucharadita de pimienta de Jamaica

una pizca de sal

2 calabacines grandes o 3 medianos, rallados

50 g de dátiles, sin hueso y troceados

50 g de pacanas o de nueces, picadas

4 cucharadas de semillas de adormidera

Sale 1 pan grande
Preparación: 15 minutos
Cocción: 1 ¼ horas

1 Precaliente el horno a 180 °C. Engrase ligeramente un molde para hacer pan de unos 900 g y fórrelo con papel sulfurizado.

2 Bata los huevos, el azúcar y el aceite en un batidora hasta que los ingredientes queden bien mezclados. Tamice las harinas, la levadura química, el bicarbonato de sodio, las especias y la sal, e incorpórelo todo mientras bate a baja velocidad.

3 Elimine cualquier exceso de humedad del calabacín rallado e incorpórelo con cuidado a la mezcla junto con los dátiles, los frutos secos y las semillas de adormidera.

4 Vierta la mezcla en el molde preparado y nivele el borde superior. Ponga la masa en el horno precalentado durante 1 ¼ horas o hasta que el pan haya subido y se haya dorado. Para comprobar si está hecho, pinche con un palillo en el centro; debe salir limpio.

5 Deje que el pan se enfríe en el molde 15 minutos. A continuación páselo a una rejilla y déjelo hasta que esté completamente frío. Envuélvalo en papel de aluminio y guárdelo en un recipiente hermético en un lugar fresco. Así se conservará 2-3 días. Aguantará más tiempo si lo guarda en la nevera, pero sabe mejor a temperatura ambiente. Sírvalo cortado en rebanadas.

También puede probar...

❖ Añada un poco de jengibre en almíbar cortado en daditos, un puñado de pasas o la ralladura de una naranja o de un limón.

Este saludable pan, rico en fibra, es fácil y rápido de hacer, ya que no se necesita levadura y no hay que amasarlo. Las semillas de lino aportan ácidos grasos omega 3 y omega 6, lo que ayuda a reducir los problemas inflamatorios, tales como el asma o la artritis reumatoide, así como los problemas de piel, como la rosácea. Esta receta permite que las semillas de lino se hinchen y aporten fibra sin irritar el revestimiento del tracto digestivo.

Pan multisemillas

250 g de harina integral

100 g de copos de avena

50 g de semillas de lino molidas

una pizca de sal

25 g de semillas de calabaza

25 g de semillas de girasol

50 g de semillas de lino

2 cucharadas de semillas de sésamo

1 cucharadita de canela en polvo

una pizca de nuez moscada molida

150 g de pasas

50 g de avellanas picadas, y algo más para decorar

300 ml de leche desnatada o de leche de almendras

1 cucharada de extracto de malta

2 huevos ecológicos

Sale 1 pan grande
Preparación: 15 minutos
Reposo: 20-30 minutos
Cocción: 1 hora

1 Precaliente el horno a 190 °C. Engrase ligeramente un molde para hacer pan de 900 g y fórrelo con papel sulfurizado.

2 En un bol grande, mezcle la harina, la avena, las semillas de lino molidas y la sal. Incorpore las semillas, las especias, las pasas y los frutos secos.

3 En otro bol, bata la leche, el extracto de malta y los huevos, e incorpore esta mezcla a los ingredientes secos hasta que quede todo bien mezclado. Si la mezcla queda demasiado espesa, añada 1-2 cucharadas más de leche.

4 Deje reposar la mezcla 20-30 minutos y pásela al molde previamente preparado. Esparza por encima los frutos secos que había reservado, presionándolos ligeramente.

5 Ponga la masa en el horno precalentado durante 1 hora o hasta que el pan esté cocido. Para comprobar si está hecho, pinche con un palillo en el centro; debe salir limpio.

6 Déjelo enfriar en una rejilla y sírvalo cortado en rebanadas. El pan se conservará bien durante 3-4 días.

También puede probar...

❖ Para lograr un sabor más intenso, añada algunas semillas de alcaravea o de comino.

❖ Anímelo más con un poco de jengibre en polvo o recién rallado, o bien con una pizca de pimienta de Jamaica.

Este bizcocho resulta húmedo y rico sin ser pesado, y tiene un complejo sabor especiado. Las semillas de cardamomo son una maravillosa fuente de calcio y magnesio, que refuerzan la salud cardíaca, así como de antioxidantes que potencian la inmunidad intestinal y de toda la gama de vitaminas B, necesarias para la producción de energía.

Bizcocho húmedo de remolacha con semillas

180 ml de aceite de oliva virgen extra, y algo más para engrasar

200 g de azúcar moreno

3 huevos ecológicos, las yemas y las claras separadas

225 g de harina común, tamizada

1 cucharadita de levadura química

½ cucharadita de bicarbonato de sodio

una pizca de sal

2 cucharaditas de mezcla de especias

175 g de remolacha cruda, lavada y rallada

4 cucharadas de semillas de adormidera

3 cucharadas de semillas de girasol

las semillas de 8 vainas verdes de cardamomo

50 g de pasas

el zumo y la ralladura de 1 naranja

azúcar glas, para espolvorear

nata fresca y semillas de adormidera, para acompañar

8 raciones
Preparación: 20 minutos
Cocción: 40-45 minutos

1 Precaliente el horno a 180 °C. Engrase ligeramente un molde para pasteles de 20 cm y fórrelo con papel sulfurizado.

2 Bata el aceite y el azúcar hasta que queden bien mezclados. Añada las yemas de huevo, de una en una, y a continuación la harina, la levadura química, el bicarbonato de sodio, la sal y la mezcla de especias. Bata de nuevo hasta que quede todo bien mezclado.

3 Añada la remolacha, las semillas, las pasas y el zumo y la ralladura de naranja, y mézclelo a baja velocidad.

4 En un bol limpio, bata las claras de huevo hasta que suban e incorpórelas a la mezcla del bizcocho con una cuchara metálica trazando un ocho.

5 Con una cuchara, pase la mezcla al molde, alisando el borde superior, y métala en el horno precalentado unos 40-45 minutos o hasta que haya subido y al pinchar con un palillo en el centro, este salga limpio.

6 Deje que el bizcocho se enfríe en el molde. Sáquelo y espolvoree un poco de azúcar glas para decorar.

7 Sírvalo cortado en porciones con un bol de nata fresca y unas semillas de adormidera por encima.

También puede probar...

❖ Si le gusta el sabor a chocolate, añada a la harina 2-3 cucharadas de cacao en polvo.

❖ Haga un bizcocho más especiado añadiendo una pizca de canela en polvo y un poco de nuez moscada a la mezcla de especias.

En este bizcocho de semillas modernizado, el zumo y la ralladura de limón añaden un refrescante sabor cítrico, mientras que el yogur hace que el final sea más ligero y húmedo que en la versión tradicional. La vitamina C de los cítricos crea un bizcocho que puede ayudar a reducir el colesterol LDL, mientras que el calcio y el magnesio de las semillas mejoran la función digestiva.

Bizcocho de limón y semillas de adormidera

175 g de mantequilla

175 g de azúcar superfino

3 huevos ecológicos

250 g de harina leudante, tamizada

5 cucharadas de semillas de adormidera

la ralladura de 2 limones

el zumo de 1 limón

100 g de yogur griego natural

unas ralladuras de limón, para decorar

Cobertura de crema de queso (glaseado):

125 g de queso cremoso suave

3 cucharadas de yogur griego natural

2 cucharadas de azúcar glas

el zumo de ½ limón

8-10 raciones
Preparación: 15 minutos
Cocción: 45 minutos

1 Precaliente el horno a 180 °C. Engrase un molde profundo de 20 × 12 cm y fórrelo con papel sulfurizado.

2 Bata la mantequilla y el azúcar hasta obtener una mezcla ligera y esponjosa. Agregue de uno en uno los huevos, batiendo bien antes de añadir el siguiente. Añada un poco de la harina tamizada para evitar que la mezcla se corte.

3 Añada la harina, las semillas de adormidera y la ralladura de limón, y mezcle bien a baja velocidad. Agregue y mezcle el zumo de limón y el yogur griego.

4 Con una cuchara, pase la mezcla al molde, alisando el borde superior, y métala en el horno precalentado unos 45 minutos o hasta que haya subido y al pinchar con un palillo en el centro, este salga limpio.

5 Deje que el bizcocho se enfríe 10 minutos en el molde antes de pasarlo a una rejilla.

6 Haga la cobertura de crema de queso: ponga todos los ingredientes en un bol y bátalos hasta que queden bien mezclados. Repártala por encima del bizcocho y decore con un poco de ralladura de limón.

También puede probar...

❖ En vez de usar crema de queso, haga una cobertura de limón vertiendo zumo de limón recién exprimido sobre azúcar glas tamizado, y mezclando hasta lograr la consistencia deseada. Viértalo sobre el bizcocho y deje que se seque.

❖ Perfore el bizcocho caliente con un pincho cuando aún se encuentra en el molde y vierta por encima zumo de limón endulzado con miel para obtener una versión más húmeda y pegajosa.

Esta húmeda y fragante tarta elaborada con fruta de temporada es un gran postre. Es fácil de hacer y no necesita ninguna decoración. Las semillas de vainilla son una fuente de calcio, magnesio y manganeso, que ayudan a la regeneración de huesos, ligamentos, pelo y uñas.

Tarta de naranja y claudias con crema de semillas de vainilla

175 g de mantequilla, y algo más para engrasar

175 g de azúcar moreno dorado

3 huevos ecológicos

80 g de harina común

1 cucharadita de levadura química

125 g de almendra molida

el zumo y la ralladura de 1 naranja

las semillas de 1 vaina de vainilla

1-2 cucharadas de leche

12 ciruelas claudias maduras, sin hueso y abiertas por la mitad

80 g de avellanas enteras

Crema de semillas de vainilla:

300 ml de nata fresca semidesnatada

las semillas de 1 vaina de vainilla

8-10 raciones
Preparación: 20 minutos
Cocción: 35-40 minutos

1 Precaliente el horno a 180 °C. Engrase un molde profundo de 30 × 20 cm y fórrelo con papel sulfurizado.

2 Bata la mantequilla y el azúcar hasta que quede ligero y esponjoso. Agregue de uno en uno los huevos, batiendo bien antes de añadir el siguiente. Añada un poco de la harina tamizada para evitar que la mezcla se corte.

3 Tamice el resto de harina y la levadura química, y añada la almendra molida. Mezcle la baja velocidad. Añada el zumo y la ralladura de naranja, las semillas de vainilla y 1-2 cucharadas de leche para aligerar la mezcla.

4 Con una cuchara, pase la mezcla al molde, repartiéndola bien por las esquinas.

5 Distribuya por encima de la tarta las ciruelas abiertas por la mitad con el lado cortado hacia arriba y presiónelas ligeramente. Reparta las avellanas por toda la tarta.

6 Introdúzcala en el horno precalentado unos 35-40 minutos o hasta que haya subido y al pinchar con un palillo en el centro, este salga limpio. Déjela enfriar en el molde.

7 Prepare la crema de semillas de vainilla justo antes de servir. Mezcle en un bol la nata fresca y las semillas.

8 Sirva la tarta cortada en cuadrados o en porciones acompañada de la crema de semillas de vainilla. Envuelta en papel de aluminio, esta tarta se conservará 2-3 días en la nevera. Tómela a temperatura ambiente.

También puede probar...

Sustituya las ciruelas claudias por albaricoques, melocotones, cerezas, arándanos o incluso frambuesas.

Estos deliciosos vasitos son muy rápidos y sencillos de hacer. Puede prepararlos la noche anterior, pero es mejor que los sirva a temperatura ambiente para percibir el máximo sabor. Aparte de calcio y magnesio, minerales necesarios para regular la contracción y la relajación del músculo cardíaco, las semillas de cardamomo contienen potasio, que ayuda a equilibrar el sodio corporal. También son ricas en vitamina B, necesaria para la energía celular.

Vasos de chocolate con cardamomo y mandarina

las semillas de 10 vainas de cardamomo

300 ml de crema doble

200 g de chocolate (70% de cacao)

2 yemas de huevo

25 g de mantequilla sin sal, en dados

el zumo y la ralladura de 2 clementinas

virutas de chocolate y piel de clementina confitada, para decorar

6 raciones
Preparación: 10 minutos
Infusión: 20 minutos
Enfriamiento: 4 horas

¡CUIDADO! *Esta receta contiene yemas de huevo crudas, por lo que quizá no sea adecuada para mujeres embarazadas, niños y personas con el sistema inmunitario debilitado.*

1 Abra las vainas de cardamomo y retire las semillas con la ayuda de un cuchillo afilado. Como alternativa, golpee las vainas con un rodillo para liberar las semillas. Pique ligeramente las semillas con un mortero o con el dorso de una cuchara.

2 Ponga las semillas y la crema doble en una cacerola pequeña y caliéntela hasta que la crema casi empiece a hervir. Retírela inmediatamente del fuego y deje que infusione al menos 20 minutos. Pásela a través de un tamiz para colarla.

3 Rompa el chocolate en trozos pequeños y fúndalos en un bol al baño maría. Cuando el chocolate se haya derretido, retire el bol del calor.

4 Bata las yemas de huevo hasta que espesen y viértalas sobre el chocolate fundido junto con la mantequilla, el zumo y la ralladura de clementina, y la crema infusionada.

5 Reparta la mezcla entre 6 vasitos de cerámica, ramequines o incluso tacitas de café. Cúbralos con papel film y póngalos a enfriar en la nevera durante al menos 4 horas o mejor toda la noche.

6 Decore los vasitos con virutas de chocolate y piel de clementina confitada, y sírvalos a temperatura ambiente.

También puede probar...

❖ Intensifique el sabor añadiendo 1 cucharada de licor de naranja al chocolate derretido.

❖ Sirva con gajos de clementina bañados en chocolate derretido y enfriados, o bien con un poco de nata fresca con ralladura de clementina por encima.

Una tarta de queso típica americana siempre resulta irresistible, y en este caso además es muy fácil de hacer. Es perfecta para una ocasión especial o si hace de anfitrión. Las semillas de vainilla aportan calcio, magnesio y manganeso, necesarios para los huesos, mientras que las semillas de adormidera son ricas en ácido oleico, un ácido graso esencial necesario para la regulación hormonal y para tener una piel tersa y flexible.

Tarta de queso con limón, vainilla y semillas de adormidera

200 g de galletas de jengibre, desmenuzadas

80 g de mantequilla, fundida

650 g de queso cremoso o de ricota

200 ml de crema agria

125 g de azúcar superfino

1 cucharada de harina de maíz (maicena)

4 huevos ecológicos

las semillas de 1 vaina de vainilla

2 cucharadas de semillas de adormidera

la ralladura de 2 limones

el zumo de 1 limón

50 g de pasas

bayas frescas para servir, por ejemplo fresas, frambuesas, grosellas rojas y grosellas blancas

azúcar glas, para servir

10 raciones
Preparación: 20 minutos
Enfriamiento: 20 minutos
Cocción: 45-60 minutos

1 Precaliente el horno a 170 °C.

2 Mezcle las galletas desmenuzadas con la mantequilla fundida y presione la mezcla sobre la base de un molde para pasteles de 23 cm. Deje que se enfríe unos 20 minutos en la nevera.

3 En un bol grande o en un robot de cocina, mezcle y bata el queso cremoso o la ricota, la crema agria, el azúcar, la maicena y los huevos.

4 Añada las semillas de vainilla a la mezcla. Agregue las semillas de adormidera, el zumo y la ralladura de limón, y las pasas. Mezcle con cuidado.

5 Retire el molde de la nevera y con una cuchara vierta la mezcla sobre la base de galleta. Alise la parte superior con un cuchillo de paleta.

6 Meta la tarta 1 hora en el horno precalentado, y compruebe si está hecha transcurridos 45-50 minutos. Retírela cuando esté dorada por arriba y recupere la forma al presionarla suavemente.

7 Déjela enfriar. Espolvoree un poco de azúcar glas por encima. Sirva la tarta cortada en porciones, decorada con bayas frescas.

También puede probar...

❖ Añada algunas semillas de adormidera a las galletas desmenuzadas de la base.

❖ Si quiere que tenga más sabor a limón, añada un poco de crema de limón a la mezcla de queso antes de hornear.

Índice